シェルボーンの
ムーブメント
入門 第2版

Developmental Movement for Children

発達のための新しい療育指導法

著◉ベロニカ・シェルボーン
訳◉関口美佐子＋平井真由美＋衣本真理子

三輪書店

For James

"Developmental Movement for Children —— Mainstream, special needs and pre-school" Second Edition by Veronica Sherborne
© Worth Publishing 2001

First published in Great Britain in 1990 by Cambridge University Press

This edition published 2001 by Worth Publishing Ltd
6 Lauderdale Parade, London W9 1LU
www.worthpublishing.com
© First Japanese language edition 2010 by Miwa-Shoten Ltd., Tokyo

まえがき

　1990年に"Developmental Movement for Children"(『シェルボーンのムーブメント入門』)が出版されたことは，私の母にとってとても重要な出来事でした．母はとても実践的で「書くより，実践しましょう！」というタイプでしたが，彼女の考えが集大成されたことをとても喜んでいました．それまでにも，折にふれて，母は自分の仕事についての短い記述を残していましたが，それよりも，彼女のアイデアを最初のフィルムである1965年の"In Touch"から，6番目の1986年の"Good Companion"までの記録フィルムに残すことに重点をおいていたようです．

　母は，働き，教え，海外出張，そして家族の世話と，常に忙しくしていました．この本を書きはじめたことで，やっと母は，母自身の人生の中での静かなときをもったといえます．どのような取りくみも彼女にとっては，すべてが大切なものであり，彼女の考えがホームグランドよりも海外で受け入れられていることを感じていたと思います．

　母の本が再び出版されたことは，彼女の活動の今の時代への適応性とその永続的価値を表しており，彼女が時代の先端を歩み続けていたという証しなのではないでしょうか．本書の再版をとてもうれしく思っています．

　母も心から再版されたことを喜んでいると確信しています．これはひとえに，CyndiとGeorge Hill，そしてシェルボーン協会のご尽力のたまものです．

　2001年6月

Londonにて
Sarah Sherborne

第2版への序文

　80年代の終わりにシェルボーンが著した"Developmental Movement for Children"（日本版『シェルボーンのムーブメント入門』）は，彼女と一緒に働いたスタッフや彼女の仕事をみてきた人びと，また彼女の活動を参考にしながら仕事をしていた人びとの要請に応じて執筆したものといってもよいでしょう．ムーブメントの分野，なかでも特別な援助を必要とする成人と子どもたちについて，長年にわたる経験からシェルボーンが発展させた多くのアイデアとそれに基づく理論の展開を彼らは求めました．ベロニカは数年にわたって，観察，理論，原理についての自分の考えをそれぞれに文章で明らかにしてきましたが，多くの特別支援教育とムーブメントを学ぶ学生たちに求められ，受け入れられるために，彼女の考えや経験を発展させて本としてまとめました．

　出版されるやいなや，読者を刺激し，挑戦する意欲を与えてくれる本としての先駆的役割をはたし，今日まで読み続けられています．ベロニカ・シェルボーンの仕事と彼女の考えが文脈に展開されており，シェルボーンの方法を取り入れて指導を試みる教育者，指導者たちが，それぞれの能力と理解に応じて学んでいける内容です．

　第1版が出版されてから今日まで，特別支援教育の分野は多くの変化をとげています．その用語も障害のある人たちとのかかわりに対する姿勢や理解の変化を表しています．第2版を出版するにあたり，根本的なことは変えていませんが，このような変化には配慮しました．

　ベロニカ・シェルボーンは，彼女の時代のことばで書きました．そのころの彼女を知り，一緒に仕事をしていた人なら，彼女が今の時代に本を書いたとしても，彼女が対象とする人たちの年齢，人種，文化，階級，性別，身体的または精神的な状態などについて個々の人格と人権を尊重したことばで表現するに違いないと明言するでしょう．この新しい版では，最近，撮影された子どもたちの写真を多く掲載しています．これらの写真が読者のこの本への理解と実践の際の助けになることを願っています．しかしながら，今日の教育者たちに向けて，その核心ともなっているベロニカ・シェルボーンの原本の根本的な内容

が変わらないように，細心の注意をはらったことを付け加えておきます．
　本の序文にシェルボーンは，彼女の教育者として教えてきた経験が，彼女の仕事の方法を左右したと同様に，ムーブメントの場がそれぞれの発達を促すという考えが，彼女に強い影響を与えたと明記しています．シェルボーンのムーブメント療法の取り組みの真髄は，次のようなものです．

　　「子どもたちは，自分の身体にくつろぎを感じ，身体統御を獲得し，他者と
　　の人間関係を形成する必要性をもっています」……………………(1)

　この本を理解するために，上記の引用文に述べられているムーブメントの中核であるこれらの2つの考えを中心にすえることが，読者にとって大切なことです．同様に，この本に示されているダイナミックで繊細な方法とアイデア，原理，学ぶ機会は分けて考えることも大切です．経験したことを文章にすることで，それが批評的，技術的なものだけになりやすいという懸念をもったため，ベロニカ・シェルボーンは彼女のライフワークを文章で表現することを拒み続けていました．
　シェルボーンは，自分の仕事は，師であったルドルフ・ラバンの動きの分析と理論に強く基づいていますが，書かれたものだけにこだわると，誤った解釈をされたり，誤用されて，「プログラム」や教練用のリストにさえ間違われかねないという懸念をもっていました．書かれた文章によって，いかに的確に経験，過程，関連，動き，といったものを表現できるのでしょうか．このことについてシェルボーンは熟慮し，書くことにはとても慎重でした．心配は残ったでしょうが，最終的に彼女は書く決意を固めてくれました．私は，この本を読む人たちが，シェルボーンの仕事が誠実さという特質をもっていたと同様に，誠実に読解と理解を深め，探究することを勧めます．シェルボーンのムーブメント療法を理解することは，幼児期の発達過程における動きを理解することであり，教える方法の分析をすることです．
　幼児期の人間関係とコミュニケーションや，かかわりの場面にみられる影響を理解することが，ムーブメントの発達に必要な要素を理解することにつながります．本の内容とシェルボーンの実践を試みることで，「人間関係を育む」と特色づけられている初期の発達段階，すなわち成長の促進と発達のための最適な条件を明確に知ることができ，この本の内容のほとんどがこの焦点にあてら

れています．幼児期の学習経験の大切な意味について，シェルボーンは，2章で簡単に述べていますが，読者には，人間関係の活動の特色である相互作用を取り入れ，発展的に構築するように求められています．早期の学習は，受け取る側の注意が向けられ，気持ちが高まっていくのに十分な時間が続く種類の刺激があってこそ，そこから効果的な結果が生じます．言いかえれば，幼児期から子どもは自分の意思により参加したいと思えるような刺激を受ける，相互的な遊びにかかわっている必要があるということです．教育者や介助者は，「会話にならないような会話」でも，「きちんとした会話」でも，同じように自然に対話をするべきです．本には，シェルボーンのこのようなかかわり方へのこだわりが明らかにされており，このような枠組みの中に「さまざまな人間関係の遊び」を入れていくことが大切です．

　本にあげられているどのグループにも，ムーブメントの学習の条件として，同じ原則をかかげています．本の概要に，シェルボーンは次のように書いています．

　　「ムーブメントのどのような活動経験にも，競争という要素はありません」
　　..（2）

　本文は，「なにを教えるか」から「どのように教えるか」という，シェルボーンの最も基本になる考えへと移ります．これはムーブメントの活動経験における最も感動的で意味深いことなのですが，その成果には重点をおいていません．どのように子どもが学び，自由に参加し，経験し，コミュニケーションをとり，どのように感じるかということがムーブメントの活動を特徴づけています．活動のすすめ方として，それぞれのもっている特質，能力，感性を認めて，個々の必要性に応じた機会を提供していくことが大切です．

　これは参加者に，批判のない教え方で，それぞれを尊重しながら，個別的な学びによって自信を得させ，強化し，発達を確実なものとすることを意図した方法です．

　発達のためのムーブメントの原理は，それぞれの必要性に応じるように考えられ，伝えられ，実践されて，より高められてきました．教えることと学ぶこととは，これらの相互作用によるものです．

　シェルボーンがこの本で主張しているのは，動きと活動経験の質を理解する

ことの大切さです．「型にはまったプログラム」や「機械的な運動」として，まちがった解釈をされたり，使われたりしてはいけません．だからこそ，どのように教え，また学ぶかが私たちの仕事や発達のためのムーブメントの効果にとって，とても重要です．ムーブメントそのもの，その教え方，観察に必要な条件，学ぶ側の必要性，その土台にある本質を分析，理解するためにこの本は必要不可欠なものです．

　ベロニカ・シェルボーンと共に働き，学んだ者は，シェルボーンが創案した学習経験のダイナミックな質を認識せざるをえません．才気豊かな師の個性によって，その世界に引きこまれます．シェルボーンの教えの分析，教え方の内容は，単に彼女の力強い，多くの経験からくる個性的な特徴を表しているだけではなく，適切な方法で，理解しやすい本質のもとにあることがわかります．ベロニカ・シェルボーンの知識と経験につちかわれた，堅固な基盤からムーブメントのプログラムの本質と理論が生まれています．ここに展開している理論は，オリジナル（第1版）にそった形式と内容ですが，ある意味で，個人的なムーブメントのプログラムです．教え方の重要な点について，理論構成に注目し，分析しながらも，読者がそれぞれのプログラムを構築していかれることを望んでいます．第2版は，ムーブメント，演劇，学校の体育の教師，教育学部の学生，そして特にムーブメントと障害の分野で働く人たちにとって，役に立つ手段を見いだすためのランドマークになるでしょう．

　　2001年3月

　　　　　　　　　　　　　　　　　　Janet Sparkes
　　　　　　　　　　　　　　　　　　Senior Lecturer
　　　　　　　　　　　　　　　　　　St Alfred's of Higher Education,
　　　　　　　　　　　　　　　　　　Winchester, UK
　　　　　　　　　　　　　　　　　　On behalf of Sherborne Association UK

---

(1) xiiページ
(2) 143ページ

訳者まえがき

　発達のためのムーブメントは，乳児から高齢者まで，健常児やさまざまな問題のある子ども，そして成人にとって，仲間と一緒に楽しく，運動−感覚経験を積みながら，自分自身を認識し，自分の中に自信とくつろぎを感じることのできる脳の発達を促す方法です．また，他者との人間関係を適切に築くことを自然に獲得していける，道具もなにも要らない，最も簡単な方法です．

　1993年に本書の第1版を兵庫県立総合リハビリテーションセンター附属中央病院の澤村誠志名誉院長のお力添えと株式会社三輪書店のご尽力により出版しました．その後，版を重ね，現在は絶版になっています．この間，保育所や幼稚園，小学校で，多くの援助を必要とする子どもや成人の支援にかかわる現場の先生や研究者にベロニカ・シェルボーンが創案した「発達のためのムーブメント」を受け入れていただき，さまざまなかたちで活用していただいてまいりました．また，財団法人ひょうご子どもと家庭福祉財団で，毎年1回，シェルボーン・ムーブメント療法の研修コースを開催していますが，コース資料以外の資料がなく，研修会を受講してくださいます先生方に大変なご不便をおかけしてきました．

　ようやく私どもの念願が叶って，改訂版を出版させていただくことができました．多くの皆様が，シェルボーンの創案した「発達のためのムーブメント」に，さらにご自分の創造性を重ねていただき，またより深く研究し，実績を高めていくために是非お役立ていただければ幸いです．本書の翻訳に際して，前田美智代さまにご協力をいただきましたことにお礼を申し上げます．

　先般，出版しました『コミュニケーションのためのムーブメント』（三輪書店，2009）は，本書をお読みいただいたうえで，さらに実践的に，また理解を深めていただくためのものです．併せてお読みいただければ幸いです．

　　2010年5月

財団法人ひょうご子どもと家庭福祉財団
関口美佐子

目　次

まえがき……………………………………………………………… iii
第2版への序文……………………………………………………… iv
訳者まえがき………………………………………………………… viii
はじめに……………………………………………………………… xi

第1部　なにを教えるか …………………………………………… 1

1章　人間関係の発達 ……………………………………………… 3
　　人間関係の活動の目的 ………………………………………… 4
　　人間関係の活動のタイプ ……………………………………… 5

2章　身体認識の発達 ……………………………………………… 47
　　発達の初期 ……………………………………………………… 47
　　就学前児と学齢児 ……………………………………………… 52

第2部　なぜ教えるか ……………………………………………… 69

3章　動きの分析：ラバンの動きの理論 ………………………… 71
4章　動きの観察 …………………………………………………… 78
　　なにを評価するか ……………………………………………… 78
　　目　的 …………………………………………………………… 79
　　教える人のために ……………………………………………… 80
　　子どもの観察 …………………………………………………… 81

第3部　どのように教えるか ……………………………………… 89

5章　教える内容，枠組み，方法 ………………………………… 91
　　重度の学習困難のある子どもたち …………………………… 91
　　中等度の学習困難のある子どもたち ………………………… 98
　　健常児 …………………………………………………………… 102
　　プログラムの立案 ……………………………………………… 106

第4部　特別な課題 …………………………………………………………… 115

6章　重度・重複の学習困難のある子どもたちと
成人のためのムーブメント ……………………………… 117
- PMLDについての説明 ……………………………………………… 117
- 目　的 ……………………………………………………………… 118
- 対人的，情緒的ニーズ …………………………………………… 119
- 介助者の役割 ……………………………………………………… 125
- 身体的ニーズ ……………………………………………………… 126
- プログラムの立案 ………………………………………………… 128

7章　心理的な問題のある子どもたちのためのムーブメント …… 130
- 自閉的傾向のある子どもたち …………………………………… 130
- 多動な子どもたち ………………………………………………… 131
- 人間関係を避ける子どもたち …………………………………… 133
- 情緒や行動に問題のある子どもたち …………………………… 136
- 場面緘黙 …………………………………………………………… 137
- 教える人の質 ……………………………………………………… 137

第5部　発達のためのムーブメント：まとめ ……………………… 141

- 付記1　1章と2章の活動のまとめ ………………………………… 145
- 付記2　子どもたちの感想 …………………………………………… 150
- 付記3　実践家たちの感想 …………………………………………… 154
- 資　料 ………………………………………………………………… 156

はじめに

　本書は，さまざまな分野の教師，両親，教育実習生，ソーシャルワーカー，教育心理学者，そして子どもたちの発達にかかわるすべての人のために書かれました．

　本書は，4つの主要な部分に分けられています．第1部「なにを教えるか」（1章・2章），第2部「なぜ教えるか」（3章・4章），第3部「どのように教えるか」（5章），そして第4部では，特別な課題のある成人や子どもたちになにが必要かについて述べています．最後の第5部は，発達のためのムーブメントの要約です．1章は，特にソーシャルワーカーや保育士に，そして1章と2章は，ともに教師と理学療法士に役立つと思います．

　私が創案した「シェルボーンのムーブメント入門―発達のための新しい療育指導法―」の基礎になっている理論は，ルドルフ・ラバンの人間行動の分析に基づいています．私たちの多くは，ラバンと彼の研究に多くの恩恵を受けました．第2次世界大戦前，彼はドイツでダンスやダンスの演出，そして多くの舞踏団に，彼の理論を適応させました．イギリスでは，俳優の動作の練習や同僚のリサ・ウルマンをとおして，子どもたちの運動やダンスにも適応させていました．このように広い範囲で彼の理論を適応させたラバンの目的は，すばらしい役者を世に送り出すというより，むしろ個性の発達，潜在能力の発達，そしてさまざまな動きを人びとが体得するのを援助することにありました．

　私ははじめに体育と理学療法を学び，のちに幸いにもマンチェスターのアート・オブ・ムーブメント・スタジオで，ラバンとウルマンから教えを受けることができました．私が最初に受けた体育教育の観点を変えるのは難しいことでしたが，ラバンから人体とその動きについて，それまでとはまったく違った解釈と認識を学びました．

　私はラバンの理論を，健常な子どもたち，障害のある子どもたち，そして幼

児に適応させてきました．この30年間，学級担任の教師，体育の教師，演劇の教師，理学療法士，言語聴覚士，作業療法士，幼稚園教諭，保育士，そして特別支援教育の教師とともに働き，3人の子どもたちを育てました．私の教育経験と人間の動きの観察，そして試行錯誤によって学んだことをとおして，すべての子どもたちは，子どもたち自身の身体にくつろぎを感じることによって身体統御を獲得していくこと，そして子どもたちは人間関係を構築していかなければならないこと，この2つの基本的な必要性をもっているという結論を得ました．これらの必要性の実現，すなわち自分自身と他者とのかかわりは，十分なムーブメントの活動をとおして達成されます．

　私が重度の学習困難のある子どもたちを教える学生たちを指導しはじめた最初の目的は，パートナーと一緒に，またはグループの活動で，学生たちが安心して子どもたちと活動できるように援助することでした．驚いたことに，学生たちと重度の学習困難のある子どもたちに導入したいくつかの活動は成功し，子どもたちも1章で述べるようなこの種の活動において，互いにかかわりあえることが確認できました．

　その後，このムーブメント活動は，健常な子どもたちにも同様に適応できることに気づきました．これは私にとって，新しい考えであり，また重要な発見でした．

　本書で述べている活動は，身体と精神の両方が結びついた学習経験であるため，これらのすべての活動は，体操というよりむしろ運動経験というべきものであり，これらの活動のすべては確かな信念に基づいています．

- ムーブメントの運動経験は，すべての子どもたちの発達の基礎であるだけでなく，子どもたち自身の身体や他者との人間関係を保つことが難しい，障害のある子どもたちに特に重要です．
- 障害のある子どもたちに対して，ムーブメントの運動経験をさせたり，養うことは，健常な子どもたちより一層，集中的かつ持続的に行わなければなりません．

　多くの両親や介助者たちが，子どもたちと身体を使って遊ぶ際，1章で述べ

るような活動の多くを自然にしています．本書の中で，私はこれらのさまざまな活動を分析し，分類して，すべての子どもたちの必要性に合わせて，人間関係の活動に適応させました．本書で述べた多くの運動経験は，157ページに記載したフィルムやビデオの中にあります．

　最も大切なことは，すべての子どもたちが自分自身の身体になにが起こっているのかを知覚できるように，本書で述べている運動経験に集中するのを私たちが援助をすることであり，それによって，子どもたちはムーブメントの運動経験から学ぶことができます．私はこれを身体に「聞く」といっています．

　本書で述べている特別な援助を必要とする子どもたちとは，重度の学習困難，中等度の学習困難，重度・重複学習困難，情緒的障害や行動障害，そして聴力障害のある子どもたちを意味しています．

　私の研究のいくつかは，リーズ大学の体育学部の修士論文，ANN学会の特別教育学士論文を含めて，最近のものです．また，カーネギーUKトラストは，私の研究調査に助成金を与えてくれました．いまこそ，私自身の研究について書くときがやってきたのです．

ベロニカ・シェルボーン

第1部 なにを教えるか

1 章

人間関係の発達

　人が自分自身と他者のどちらを先に認識するのか，ということについて論じるのは難しいですが，ここでは例をあげて説明しやすい他者に対する認識から扱うことにします．

　人間関係の活動には，通常は，より成熟した人と，より幼く，能力的に低い子どもとの1対1の関係が必要とされます．パートナーは，お互いに多くを与えあい，共に活動経験をすることになります．

　パートナーの組み合わせはさまざまです．理想的なのは，保護者と子どもの組み合わせですが，これはいつでも可能とは限りません．教育実習生にとっては障害のある子どもたちと同様に，健常児との人間関係の活動から得るものも大きく，中等部の生徒たちは障害のある子どもたちを援助するパートナーになれます．保育園の保育士は，就学前の子どもたちのパートナーになれます．パートナーは，学内でも，地域の公共施設でも見つけることができます．普通学級の子どもたちは，お互いにパートナーになれますし，軽度の学習困難のある子どもたちは，年少で重度の学習困難のある子どもたちのパートナーになれます．小学生は，下級生や障害のある子どもたちと活動できます．重度の学習困難がある上級生でも，きめ細かい援助と準備があれば，お互いにパートナーになれ，重度で重複した障害のある子どもたちとパートナーを組むこともできます．あとのページに，さまざまな可能な組み合わせを示した写真を載せまし

注：1章と2章の活動の説明は，第5部〈付記1〉の145～149ページに要約しています．

た.

人間関係の活動の目的

自　信

　年少の子どもは，年長のパートナーの介助に身をゆだねても安全であると知ることで，自信を得ることができます．介助者と子どもとの間の相互作用の質は，子どもに大きな影響を与え，年長のパートナーが，年少のパートナーに示す感情によって多くのことが伝えられます．

　年少の子どもは，成功や達成感，自己価値を認識するという経験をし，年長のパートナーとのかかわりの中で主導性を示すまでの自信をもつことが必要です．

身体知覚

　子どもは，年長のパートナーとの身体接触によって，身体認識を獲得していきます．年少の子どもは，本書で紹介している多くの人間関係の活動を行うことで，体幹，身体の中心部，四肢の関節を感じ，全身の感覚と身体の各部位が相互に深くつながりあっているという認識を獲得していきます．身体認識の発達については，2章で述べます．

身体的，情緒的安全

　子どもは，パートナーに身をゆだね，身体を支えられ，抱かれたり，触れられても大丈夫であることがわかると，身体的自信だけでなく，情緒的にも安定します．人間関係の活動は，情緒的に他者との関係に不安をもつ子どもたちに特に効果的です．

コミュニケーション

　人間関係の活動の利点の1つに，さまざまなコミュニケーションの方法を発達させることがあります．年少の子どもは，最初はことばを発さず，受身的にムーブメントの活動経験を受け入れるだけかもしれませんが，やがて反応を示すようになり，分担するムーブメントの活動にも発展するでしょう．そうなると，子どもは主導性をもってパートナーと役割を交代し，活動に新しいアイデアを取り入れはじめるということもあります．子どもは，ことばをまったく，あるいは少ししか話さないかもしれませんが，ムーブメントの活動をとおして，かなり明確にコミュニケーションをとるようになります．介助者は，子どもが発する信号に対して，敏感でなければなりません．（4章「動きの観察」参照）．

　大人は，さまざまなムーブメントの活動によって，子どもに豊富なムーブメントの語彙を獲得させることができます．ムーブメントの活動で経験した動きを説明することばは，実際の身体経験を伴わないことばより，覚えたり，使うのが容易です．「押す」「のぼる」「寝ころがる」「目を閉じる」「家をつくる」「強く」「やさしく」「上に」「下に」「後ろに」などの語句が，活動経験の結果として学習されます．

　コミュニケーションの大切な側面に，アイコンタクトがあります．子どもが集中して新しいスキルを学ぶ場合，アイコンタクトが必要であり，このアイコンタクトを促すという点で，特に役に立ついくつかの活動もあります．

人間関係の活動のタイプ

　人間関係の活動には3つのタイプがあります．
　1．介助しあう人間関係
　2．分担する人間関係
　3．対抗する人間関係

介助しあう人間関係

このタイプの人間関係は，以下に詳しく述べる多くの活動をとおして経験できます．活動に慣れるにしたがって必要ではなくなってきますが，両方のパートナーがこれからすることを知るために，最初にすべての活動を実践して見せるとよいでしょう．

パートナーを包みこむ

年長のパートナーが年少のパートナーに安心感を与える，介助しあう人間関係のムーブメントから活動を始めるとよいでしょう．最も簡単な活動は，年長のパートナーが年少のパートナーのために「家」や「入れもの」をつくることです．

〈ゆりかご〉

年長のパートナーの脚の間に，年少のパートナーを挟んで一緒に床面に座り，年長のパートナーは，腕，脚，体幹で，年少のパートナーを抱きとめます．そして膝や腿，腕で年少のパートナーを支えながら，左右にやさしく揺らします（写真1，2）．

子どもが，体重の一部を支えてくれている大人に自分をゆだねる準備があるかどうかを，大人や年長のパートナーが感じるためには，子どものバランスを少し崩すとよいでしょう．子どもが，その体重をいくらか大人にゆだねてくれば，それは大人に対する信頼の表れとみることができるでしょう．年長のパートナーが，ゆりかごの動きをしながら，ハミングやゆっくりした歌を歌うことで，子どもはリラックスするでしょう．左右への自由で流れるようなムーブメントは，気持ちを落ち着かせ，互いを和合させる効果があります．このムーブメントは，いったん始めると，簡単には止められません．コントロールされた流れのムーブメントについては，のちに述べます（74ページ参照）．

年長のパートナーは，子どもに合わせて，揺らすのに適切な速さや幅を決めなければなりません．この活動は，多くのことを教えてくれます．揺らすムー

1章 人間関係の発達　7

1 重度の学習困難のある子どもの学校：1人がパートナーを抱えて揺らしています．

2 保育所：ムーブメントのセッションのおわりに抱えられ，揺らされています．

ブメントで，自信と安心を与えることは，年長のパートナーが練習を積んで獲得するスキルです．すべての大人が安全な方法で子どもを抱けるわけではありません．それは，大人自身がそのような経験をしているかどうかによるでしょう．抱き，支え，自由に流れるようにゆりかごの動きをつくれるかどうかも，介助者によって違います．パートナーを上手に誘導することができるだけでなく，身体的な適合と心地よい感覚で，パートナーに安心感を与えられる人もいます．

　子どもを抱いて，自由な流れの揺れでムーブメントのセッションを静かに終わらせます．この活動のもつ繊細さは，セッションの間に行った活発な激しい活動とは対照的であり，セッションの間につくりあげられたパートナーとの信頼関係をより高めることになります．

　パートナーの体格が同じくらいの場合，「家」になるパートナーは，もう一方のパートナーの背中に片耳をあてて，その身体を「聞く」ことができます．

　脚をパートナーの身体に巻きつけるより，伸ばしてパートナーの肩に頭をもたれかからせるほうが心地よく，リラックスしやすいでしょう．支えているパートナーが，もう一方のパートナーの体重を受け止めるために，後方の床に手をつかなければならない場合，ゆりかごの動きは，体幹と肩を左右に振り動かすことになります（写真3）．

　揺らされている間，目を閉じることのできない子どもたちのために，介助者は片手で軽く子どもの目をふさぎます．そうすれば，子どもたちは自分の身体に起きていることに意識を集中させたり，より容易に「聞く」ことができます．年長のパートナーが提供してくれる活動に，夢中になって楽しめる子どもたちがいる一方で，そっと包みこむ必要のある子どもたちもいます．重度の学習困難のある子どもたちや健常な幼い子どもたちも，繊細に上手にお互いを揺らしあうことができます．幼い子どもたちは，パートナーである大人の後ろに立って，大人を左右に揺らすことができます（写真4）．

〈揺れ木馬〉

　左右へのゆりかごの動きから，今度は前後へ揺らす動きに変えます．介助者

3 著者が重度の聴覚障害のある子どもを支えて揺らしています．

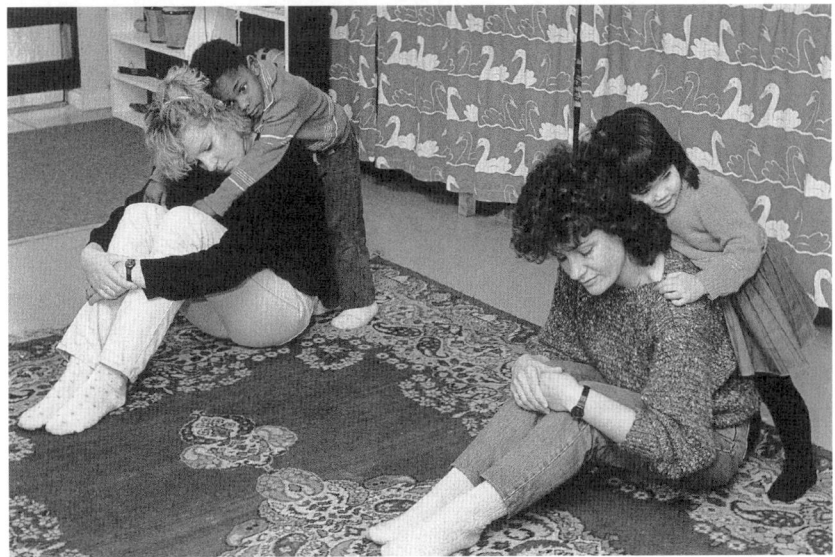

4 保育所の子どもたちが，パートナーを揺らしています．

は脚の間に子どもを座らせ，2人とも前方を向きます．そして介助者は，手を子どもの膝の下に回し，子どもをしっかり抱えこみます．とても小さい子どもは，大人の腿の上に座らせます．介助者は前に，後ろに少し傾きます．子どもが後ろに傾けられても安全であるとわかってくれば，介助者は少しずつ大きく揺れます．この活動では，介助者が子どもを完全に支えなければなりません．最終的に，頭の上方に子どもの足がきて，ひっくり返るくらい後方に傾けられます．介助者の足もまた空中に上がり，2人とも自分の身体の上に足がくるという見なれない眺めを経験することになります．子どもたちは，ひっくり返されることが好きです．この活動には，「ワーッ」とか「それーっ」のような，なにか適当な声を伴わせるとよいでしょう．内向的な子どもでも，この活動をしているうちにリラックスしてきて，笑いだすこともあります．

〈後方回転〉

　子どもに自信ができると，揺れ木馬のムーブメントを，子どもがひっくり返るほど後方に大きく揺らし，介助者の頭の後方に，膝または足を着地させて，後方回転をさせることができます（写真5a, b）．この活動には，勇気と自信が必要ですが，機敏な子どもはすぐにできるようになります．子どもたちは，パートナーや自分自身を信頼すること，自分の身体の統御力を獲得すること，そして，逆さまになることで，方向や起こっていることがわからないという状況に，上手に対処することを学びます．子どもたちは，このような状況にあって，自分の身体の統御力を信頼し，自分の身体になにが起こっているのかを彼ら自身の身体に聞かなければなりません．

　たとえば，社会的に恵まれない地域の幼い子どもたちの中には，ほかの子どもたちと身体を使って遊ぶことに慣れていない子どももおり，なかなか打ち解けず，自信ももっていません．このような子どもたちには，遊びの雰囲気と楽しさを経験させることが役に立ちます．その1つの方法に，介助者が子どもと一緒に，一側に倒れるくらい大きく子どもを左右に振り動かすゆりかごの動きがあります．子どもたちは，倒れることが安全で，楽しいとわかると，繰り返し経験したがります．幼稚園の子どもたちは，「家」や「入れもの」に座って，

1章 人間関係の発達　11

5a & b 保育所：後方回転と着地です．

パートナーの膝を押し,左右に揺らされようとするでしょう.安全に倒れたり,脚が宙に浮くほど後方に揺れることは,遊ぶことが楽しい,と知っている子どもたちでさえ,笑わせることができます.

支えること

　支えることには,すべての体重を支える場合と,介助者に子どもが寄りかかるような部分的な場合があります.以下の活動は,子どもに他者とのかかわりを強要するものではなく,励ますものです.

　大人は,背臥位*¹になって膝を立て,子どもは大人の腹部にまたがって向かいあいます.その姿勢で,大人は子どもをやさしく上下にはねさせたり,大人の腿に子どもの背中をもたれかからせたり,前方に傾けたりもできます.大人より高い位置になることで,子どもは大人を見おろし,アイコンタクトがとりやすくなります.大人に体重をゆだねることは,子どもが自分自身と大人を信頼するということです.

　大人は,腹臥位*²になり,子どもを背中にまたがらせます.この姿勢で,子どもは両脚で大人にしがみつき,大人は子どもを上下にはねさせます.子どもが両脚で大人の身体を挟んだり,両腕で大人の頸をつかむのを感じたら,それは大人との関係を求めているという子どもからの明確なサインです.つるつるした床の上で,大人は子どもを背中に乗せて,トカゲのように這うことができます.アイコンタクトをとることを恐れる子どもたちは,大人の背中を座る場所として受け入れ,自分自身を大人の援助にゆだねても安心だと感じるようになります.また,自分がパートナーより高い位置にいて,パートナーよりも優位なときにだけ身体接触を受け入れる子どももいます.

　重度の重複した障害のある子どもや大人と活動するときには,介助者は背臥位になり,障害のある人を身体の上に寝かせ,支えます(**写真6**).介助者は,

---

*¹ 訳者注:仰向けに横たわった姿勢.
*² 訳者注:顔を下に向けて横たわった姿勢.

障害のある人を抱いて，左右に揺らすこともできます．自由に流れるような揺れと，介助者の身体の心地よさや温かさは，緊張をやわらげたり，ときには最もリラックスした状態をつくりだします．アイコンタクトを避けがちな人とも，アイコンタクトがとれるかもしれません．障害のある人が，介助者の背中でリラックスすることもあります．人の身体は，マットや床面よりもリラックスするものです．

〈転がる〉

転がる活動経験は，とてもよいものです．子どもが床面やマットなどで転がることで，子どもに楽しみながら自分の体幹の存在をうえつけることができます．また，子どもは，調和した感覚がもたらされる，自由で流れるような体重の移動と，身体全体の動きを経験します．回転は，倒れることにつながる最も安全にできる動きであり，重力に引かれるままに体重をゆだねることになります．緊張した，不安感の強い子どもたちは，前腕で胸部をかばい，頭を上げて，丸太のように硬くなって転がります．そのような子どもたちは，重力に引かれるままに身体を倒したり，自由な流れやはずみに身体をまかせて回転しつづけることを助けてもらわなければなりません．ダウン症の子どもたちの多くは，健常児よりもなめらかに回転します．

子どもたちに，なめらかで連続性のある転がりをさせることが必要です．転がるのは，最初に片方の腰，肩または膝をかえし，体幹がねじれ，それに続いて身体の残りの部分が回転します．この結果，身体はしなやかで，なめらかに，連続的な回転をすることができます．ムーブメント活動の主な目的の1つは，認識されておらず，硬いままであることの多い，身体の中心部を認識（身体認識）させることであり，体幹が柔軟であるということは，よく認識された，敏感な身体をもっていることだといえます．

体幹の柔軟性を得させるために，大人は座り，子どもを腿の上に交叉させて臥位[*3]にし，子どもを大人の足首まで転がし，また腿まで戻します．子どもの

[*3] 訳者注：背臥位，腹臥位，側臥位などの横たわった姿勢．

身体は，大人の脚の上で柔らかく，自由に形を変え，背臥位では身体が少し開き，腹臥位では少し閉じます．大人は自分の身体を使って，子どもの体幹に感覚をうえつけることになります．大人は背臥位になり，子どもを大人の顎まで転がし，それから座位になって，子どもを足まで転がします．信頼と自信をもっている子どもは，大人の身体に合わせて柔軟に，なめらかに，そして弾力的に転がることができますが，緊張した，不安感の強い子どもは，リラックスし，自分の身体を柔らかくすることを大人に助けてもらわなければなりません．

　重度の障害のある子どもたちをリラックスさせるために，大人は再度，座位になり，子どものみぞおち（体幹の中心）を介助者の腿の上に，腕と頭は床面に置いた状態で交叉させて腹臥位にし，子どもをやさしくはねさせたり，背中を軽くたたきます．不安感の強い子どもは，頭を上げてしまいます．やさしくはねさせたり，左右に揺らすことで，子どもをリラックスさせ，子どもたちは脊柱を上下に軽くたたかれることを楽しみます．この心地よい活動経験は，最も重度の精神や身体の障害のある子どもたちや大人たちさえもリラックスさせたり，新しい活動経験を受け入れさせることができます．

　介助者が，子どもと向かいあって身体の上に寝かせて抱きかかえると，二重回転ができます．大人が子どもの上になるとき，子どもを押しつぶさないように注意しなければなりませんが，子どもたちは二重回転を楽しみ，少しだけ押しつぶされたり，回転している間，しっかり抱きすくめられたがります．

　子どもたちが，重すぎるものを転がすことを楽しむ，簡単な方法の1つは，子どもたちが年長のパートナーを動かすことです（写真7）．年長のパートナーは，子どもに気づかれないように，子どもがパートナーを転がすことに成功するのを助けます．神経症的徴候のある子どもたちの中には，子ども自身が主体になっている場合にだけ他者を受け入れたり，自分勝手にしたり，パートナーを荒々しく転がす子どもたちもいます．人間関係がつくりあげられ，自信がついてくるにしたがって，子どもはパートナーから要求されていることを認識し，パートナーをやさしく扱うようになります．子どもに主導性をもたせたり，大人を扱う経験をさせることは大切です．

6 重度の学習困難のある子どもの学校：年長の少年が，重度重複障害の少女を支えています．

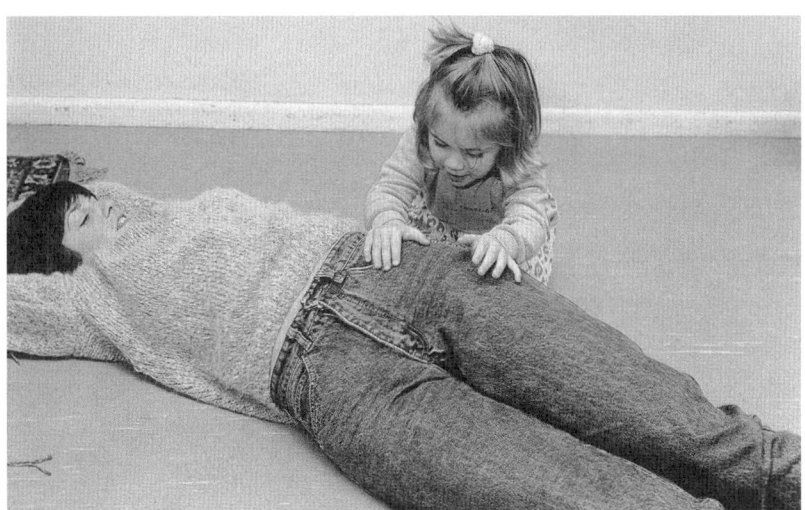

7 保育所：大人を転がしています．

〈水平の揺れ〉

　この活動は，痙性を弱めるという点で，重度の障害のある子どもたちに役に立ちます．子どもは，マットの上に背臥位になり，介助者は子どもの腰や肩などの骨格のしっかりしている部分に手を置き，介助者の方向に側臥位[*4]になるように，やさしく引き寄せます．子どもは背中から後方に転がり，それから反対側に転がります．強調したいのは，重力によって背中から後方に転がることによって，体重や重さの経験がうえつけられるということです．側方への自由な流れの揺れと，後方に転がることで，リラックスさせることができます．介助者の中には，ほかの人よりも早く，最良のリズムを見つけ，力強さと繊細さをもちあわせることができる人もいますが，このようなスキルは，練習によって習得できるものです．

〈すべること〉

　介助しあう人間関係の1つに，1人のパートナーがもう一方のパートナーの足首をもって，つるつるした床面をすべらせる活動があります（写真8）．子どもたちは，自由に流れるような，すべる活動経験を楽しみ，子どもたちの上にパートナーがいるのを見て驚き，アイコンタクトをとってきます．年長のパートナーは，子どもを左右に大きく振り動かしながら，すべらせることもでき，その結果，子どもの腰はしなやかに動きます．強調したいことは，すべることの活動経験ではなく，横方向への動きであり，これは身体の中心に柔軟性を養う1つの方法です．身体の動きが硬ければ，子どもたちは新しい活動経験を受け入れられません．介助とスキル，そして励ましによって，子どもたちをリラックスさせ，身体の中心をしなやかにさせることができます．

　体幹の硬さが脚に影響することもあります．脚の緊張は，しばしば介助者にもみられ，その緊張は子どもに伝わります．脚をリラックスさせるために役に立つ方法として，緊張している人を背臥位にし，訓練士や介助者は，背臥位になっている人の片脚の膝を数センチもちあげ，そしておろします．緊張が少な

[*4] 訳者注：横向きに横たわった姿勢．

8 パートナーをすべらせている重度の学習困難のある子どもたち．すべらされている子どもの頭部がリラックスしていることに注目してください．

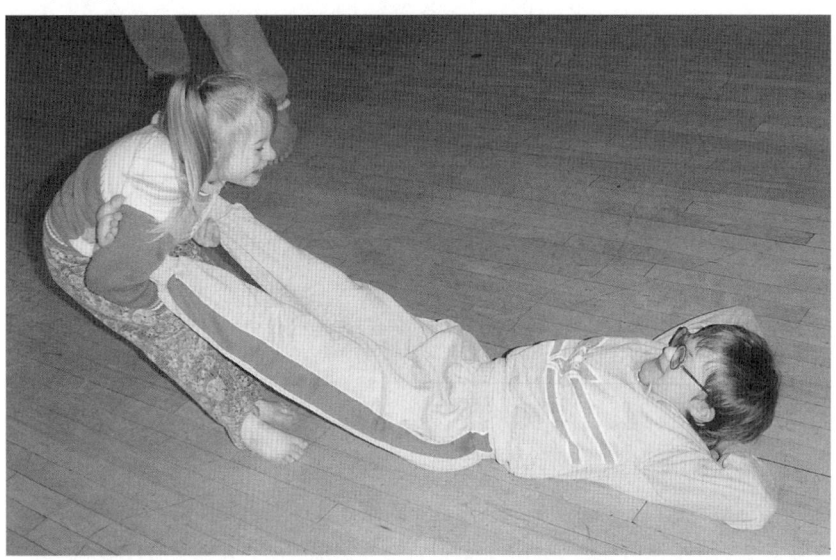

9 幼年児たちの共同遊び．

くなり，脚をおろしやすくなってくれば，訓練士は脚を少し高くもちあげます．強調したいのは，落ちること，すなわち重力によって動きがつくられるということです．腿の筋肉をマッサージするのもよいでしょう．リラックスした脚は，内転筋がリラックスしていることを示しており，脚を外側に投げだしたような形になります．緊張した脚は，つま先がまっすぐ上に向いています．

　大人や年長のパートナーが子どもをすべらせるとき，子どもの自信の表れとして，床面に頭がついているかどうかに注意を払うべきです．不安感の強い子どもは，頭をもちあげ，周囲を見回すでしょう．すべることが子どもの頭や髪に不快を感じさせる場合，子どもは両手を頭の下に置いてもかまいませんが，きれいで，すべりやすい床面であれば，その必要はないでしょう．重度で重複した学習困難のある子どもたちには，毛布に乗せてすべらせることができます．これは，子どもたちにとって楽しく，刺激的な活動経験になります（**写真10**）．

　子どもたちは，大人の手や手首をもって，大人をすべらせることができます．大人は，子どもたちが上手に引っぱれるように，床の上で，歩くように足を動かすとよいでしょう．数人の子どもたちが，グループで教師を引っ張ることもできます．子どもたちが，大人にお返しをしたり，大人の世話をするのは大切なことです．

〈トンネル〉

　この活動で，子どもは大人の身体をつかって自発性と自主性を示します．大人の「トンネル」をくぐることは，幼い，内向的な子どもが自発性を示すはじめての活動になるでしょう．大人が四つ這いで「うま」になり，子どもは大人の身体でつくられたすべての空間をくぐり抜けることを楽しみます．子どもは大人の両腕の下や，両脚の間をとおったり，反対側へくぐり抜けることができます．子どもたちのグループが，自発的にほかの大人や年長の子どもたちのトンネルにもぐり，くぐり抜け，そしてグループ遊びが始まるのは安心感の表れです．子どもたちは，大人や子どもたちが並んでつくる長いトンネルをくぐり抜けることを特に楽しみます（**写真11**）．身体の小さな子どもたちは，大人の背中に這いあがっていくこともあります．

10 コミュニケーション障害のある子どもたちにすべることを学ばせています．

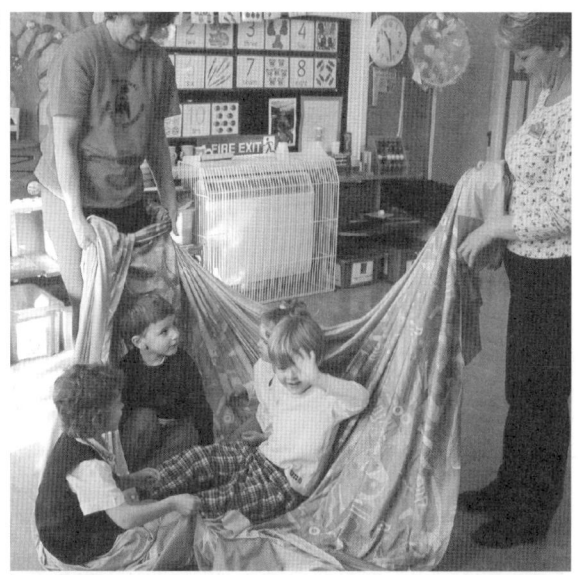

11 自閉的傾向の子どもたちがトンネルをつくり，身体をくねらせて通っています．

子どもたちが「うま」になったパートナーの上や下を這うときに,「〜の向こうへ」「〜の下」「〜をとおって」「上へ」「下へ」「回る」「〜の上へ」などのことばで表現される行動経験をとおして,子どもたちの語彙は増えていきます.実際に,ムーブメントの活動をとおして,ことばは絶えず獲得されていきます.子どもたちが楽しんで活動することで,ことばと行動は一緒に経験され,ことばの意味を容易に学習することができます.

子どもが大人のためにトンネルをつくるときには,子どもは大人が這ってくぐり抜けるのに十分な空間をつくるために,両手と両足でバランスをとらなければなりません(97 ページの**写真 36** 参照).子どもたちは,トンネルをくぐり抜けるのに苦労する大人たちをみて,楽しみます.

より進んだ援助

すでに述べたように,子どもがその体重を介助者にゆだねるというのは,身をまかせること,すなわち他者と積極的にかかわろうとしていることです.不安感の強い子どもにとって,他者に身をまかせるのは,とても難しいことであり,介助者は子どもをおびえさせないで,身をまかせさせる方法を見つけなければなりません.たとえば水の中は,子どもにとって慣れない状況であるため,自分が支えられていることに気づかないかもしれません.思春期の子どもたちの中には,自分の身体を誰にも触らせようとしない子どももいますが,活動に楽しんで参加している子どもたちを見て,それをまねるように励まされ,援助を受け入れることができるようになります.

このような状況では,前述のゆりかごのように部分的に支える活動から始めるのがもっともよいでしょうが,怖がらせないで完全に体重を支える方法もいくつかあります.大人が腹臥位で身体を丸め,子どもをアシカのように大人の背中に這いあがらせたり,越えさせたり,大人の身体の上をお尻から頭まで這うことを楽しませます.子どもは大人の身体に触れ,もたれかかることで自分の身体を経験します.

12 著者が健常児や両親と一緒に活動しています．バランスをとっているときの集中力と，アイコンタクトをとっていることに注目してください．

13 特別なニーズのある子どもたちのグループ：両手足でしがみついています．

〈パートナーの上でバランスをとる〉

　子どもはまた，大人の上でバランスをとることを楽しめます．幼い子どもたちのための最も簡単な方法は，大人が床の上に両脚を開いて投げだし座りをし，子どもを大人の腿の上に手で支えて立たせることです．このときに支えないで立たせることもできます．

　子どもたちは，大人の身体の上で，さまざまな方法でのバランスを楽しむことができます．揺れる，すべる，転がるなどで経験した，自由に流れるようなムーブメントとは対照的に，ここではムーブメントの流れはコントロールされ，制限されています．大人は床に座って膝を立て，子どもたちは大人の膝の上に立つことも楽しめます．子どもたちは，大人の膝の上に足を置き，大人の手で支えられてバランスをとったり，また援助なしにバランスをとろうとします（写真12）．この活動で，子どもは普段みられないくらい注意を集中させ，十分なアイコンタクトがとれます．子どもの注意を集中させるすべての活動は，短時間であったとしても，子どもに必要な集中力を養わせます．

〈つかむこと〉

　大人は床に腹臥位になり，子どもは大人の背中にまたがって座ります．大人は少しだけ背中を丸める動きをやさしく繰り返し，子どもに準備ができれば四つ這いになり，「うま」になります．子どもの両脚で大人の身体につかまらせ，腕を大人の頸にまわして，抱きつかせます（写真13）．大人はやさしく前後に揺らし，それから再び腹臥位になります．子どもがしっかりつかめていれば，大人はこどもを乗せて，四つ這いで注意深く前に進むことができます．18カ月以前の幼い子どもはしっかりつかむことができませんが，年長の子どもにはできます．

　両腕と両脚でつかむことは，子どもが他者と人間関係をもつ準備ができたことを表しています．

　子どもたちは，「ベビーモンキー」のゲームを楽しむこともできます．大人は正座をし，子どもは大人と向かいあって大人の腿の上にまたがって座り，両脚を大人の腰に，両腕を大人の頸にまわしてつかまります．大人は，大人の身体

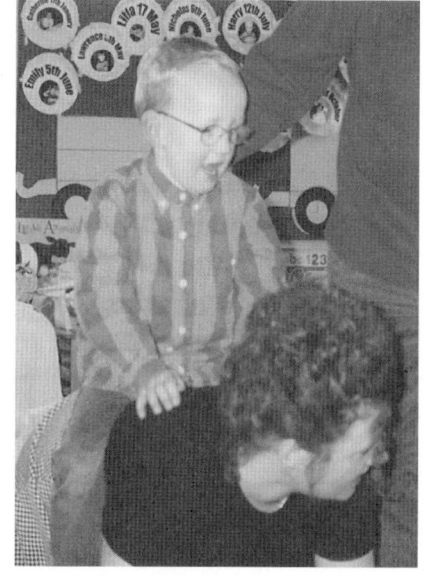

14 健常児が「ベビーモンキー」で重力に抗して母親にしがみついています.

15 学習困難のある子どもが,母親の背中でバランスをとっています.

に子どもをしがみつかせて身体を前に傾け，四つ這いになります．大人は，片方の腕を子どもにまわして，子どもがしがみつくのを助けます．この活動は，重力に抗してしがみつく強い力が要求されるため，短時間しかできません．子どもたちが，この活動経験を楽しみ，この活動をしたがるということは，子どもが大人とのかかわりを求めていることを明確に示しています（写真 14）．

〈パートナーの背中の上でバランスをとる〉

　四つ這いになっている大人の上で，子どもも四つ這いでバランスをとります（写真 16）．子どもたちの中には，自分の身体を起こし，膝で立ち，ついには大人の背中の上に立ち上がる子どももいます．この場合，子どもたちに大人の腰のところに立たずに，一方の足を大人の肩に，もう一方の足を大人のお尻に置いて立つように指示しなければなりません．大人は子どもがどれくらい自信をもっているかを感じることができ，子どもがバランスを維持することに集中しなければならないように，少しだけ揺らします．

　大人が四つ這いで子どもを援助するほかの方法は，子どもが大人のお尻の上に，大人の足の方に向いて座り，子どもの頭が大人の肩や頭のところまでくるように，背中にもたれかからせることです．この姿勢で，子どもの身体はリラックスし，伸展します．大人はやさしく前後に揺らします．子どもをおろすために，大人は床に腹臥位になり，子どもを側方に転がします．

　思春期の子どもや成人の体重を受け止めるためには，3〜5人が横に並んで四つ這いになり，背中で床面をつくります．乗せられる人は，身体を伸ばし，並んでいる背中にそって四つ這いになります（写真 17）．このように，何人かの人に一緒に支えてもらうことは，自分の体重を人に支えられることに不慣れな年長の人にとって大切なことです．支えられる人は，背臥位になることもできます．無防備な姿勢になりますが，腹臥位よりリラックスすることができます．支えている人たちは，それぞれの片方の腕を乗っている人にまわし，踵の上にお尻をおろして，その人を自分たちのお尻から後ろに転がすようにして，ゆっくり注意深くおろします．おろされる人は，片方の手足を伸ばして下につけて体重を支え，できるだけ着地を柔らかく，心地よくできるようにします．

16 重度のコミュニケーション障害のある少年は，彼の信頼する大人の上で全面的な信頼をみせています．

17 支えあい，信頼しあっている情緒や行動上の問題のある少年たち．

〈飛行機〉

　子どもたちが身体を支えてもらうことを楽しめるもう1つの活動は、大人が背臥位で膝を曲げ、子どもの腹部と脚を大人の向こうずねで支え、子どもの両肩をしっかりつかむことです。子どもは顔を下に向けて、大人の上になります。これは、アイコンタクトをとるために最もよい姿勢です。子どもは自分が飛んでいるように感じます（写真18）。幼い子どもは、大人が子どもを腹部の上に落とすとき、「墜落する」ような感覚を楽しめます。大人の上で、背臥位になろうとする子どもたちもいます。子どもたちは、創造性豊かに、このような活動をさまざまに変化させるでしょう。

〈宙返り〉

　10ページの後方回転や前方回転は、とても楽しいものです。大人は両下肢を投げだして座り、子どもは大人の一方の肩の後ろに立って、大人の肩に腹部をもたれかからせます。それから、子どもは両手を大人の両下肢の間につきます。大人が子どもの頭と体幹を支えて背中を丸めると、子どもは肩から床面に向かい、脊柱を伸展させて着地します。回転の間、子どもは全身を丸めておかなければなりません。子どもは自分の体重を大人にゆだね、目で見ることができないために、自分の身体に何が起こっているかを「聞き」、丸くなることを学び、あまり認識することのない脊柱にそっての体重移動に必要なコントロールを獲得することになります。子どもたちはひっくり返されることを好み、宙返りを繰り返したがります。子どもたちは、この活動の間中、抱かれていたことに気づかないので、この活動をとおして多くの友だちをつくることができます。柔軟性がなく、自分の身体の中心を知覚していない子どもたちに対して、大人は、大人の身体をとおして、子どもたちの身体を柔軟にさせることが必要であり、また、まるで定規でも飲みこんでいるかのように緊張している場合は、この緊張をやわらげることが目的になります。身体の中心を認識させるための、より簡単な方法は、2章でとりあげます。

　とても幼い子どもなら、大人の大腿で宙返りをすることができます。敏捷な子どもは、前転ができると、次には後転も楽しみます。大人の両下肢の間に、

18 「飛行機」は，互いに全面的な信頼と自信が必要です．アイコンタクトに注目してください．

19 学習困難のある幼児が，転がされながら，自由な流れを経験しています．

背中を向けて座った状態から，子どもは勢いよく後方に倒れ，床を両手で強く押し，お尻と脚を大人の肩の上にもちあげてきます．何回も繰り返すうちに，大人の肩を越えて，大人の後ろに立つことができるようになり，次には，そこから前転します．大人や思春期の子どもたちが，この活動をする場合には，回転する人のお尻をもって，身体を丸めて前転するのを助ける人が両側に1人ずつ必要です．

〈抱きあう〉

　これまでに説明した活動は，すべて床面でするものでしたが，この活動では，大人は両脚を開き，両膝を少し曲げ，両腕をぐっと前に伸ばして，しっかり立ちます．子どもは大人に向かって走り，大人の腰に飛びつき，両脚を大人の腰に，両腕は大人の頸にまわして，しっかりしがみつきます．大人が子どもをしっかり抱いて子どもを振り回す活動は少し冒険的であり，自由に流れるような回転が刺激的なこの活動は，子どもたちに好まれます．子どもが大人にしがみつき，大人はしっかり子どもを支えて，お互いに抱きあうのですが，子どもたちの中には，脚が弱々しく垂れさがってしまい，しがみつくのを助けなければならない子どももいます．安全で，あまり努力する必要のない「ベビーモンキー」や「うま」(22ページ参照) から始めれば，しっかりつかむことができるようになるでしょう．これは，子どもと大人との間で，信頼と自信が獲得されたとき，ムーブメントのセッションの最後にするとよいでしょう．残念ですが，力の強い大人でなければ，体重の重い子どもたちや，思春期の子どもたちとこの活動をすることはできません．

〈ジャンプ〉

　これまで，体重を支えてもらうこと，倒れること，回転することに重点をおいてきましたが，子どもたちは重力に抗することも学ばなければなりません．幼い子どもたちは2～3歳の間に，ジャンプすることで，安全な地面よりあえて離れようとし，通常は段から飛び降りることから始めます．

　体重を支えられてジャンプすることは，すべての子どもたちにとって役に立ちます．パートナー同士が向きあい，年長のパートナーが年少のパートナーの

肘を下から支え，年少の子どもは支えてくれるパートナーの前腕をもちます．子どもたちは，両脚で軽くジャンプし，パートナーは子どもがジャンプした元の場所に着地しないように，パートナーの周りを回しながらジャンプさせます．自信と能力のある子どもは，片足でジャンプし，パートナーの周りを半周したところで，もう一方の足で着地できます．子どもたちは，膝と股関節で「空を飛ぶ脚」をつくり，しなやかで自由に流れるような跳躍を獲得していきます．

　3人がグループになれば，もっと高くジャンプすることができます．2人の介助者がジャンプしようとする人の両側に立って肘を支え，手を握手の握り方でもちます．「よいしょ」の掛け声とともに，真中にいる人は膝を曲げ，介助者に高く押し上げられて空中にジャンプし，助けがなければ届かない高さにまで達することができます．この活動をする前には，ジャンプする人は軽いジャンプで足首を柔らかくしておくことが必要です．ジャンプする人は，いつもジャンプする前とは違った表情になります．自由な流れと高さと爽快さは，人を驚かせ，元気づけます．

　あまり運動能力を必要としないでできるジャンプは，パートナーが星のように手足を広げて大の字に背臥位になり，もう一方のパートナーが，その手足をまたいで歩き，安全と感じれば，体幹も越えて歩くというものです．次は，パートナーの手や足を小さくジャンプして越え，腹部もジャンプして越えます．中等度の学習困難のある子どもたちの中にも，背臥位になっているパートナーの最も長い部分である脚から頭の先まで上手に飛び越える子どももいます（写真20）．もう一方のパートナーも，床の上での無防備な状態を経験できるように，役割を交替します．この活動が重度の学習困難のある子どもたちの興味をとらえると，子どもたちはパートナーを踏まないように注意を注ぐことができます．

〈脚から手への体重移動〉

　年長児と思春期の子どもたちは，パートナーの身体を使って，自分の身体を高くもちあげることができます．介助者は四つ這いになり，子どもは手を大人の肩とお尻に置きます．腰は体重を支えるようにはできていないため，体重をかけないようにすることが大切です．子どもは両脚で小さくジャンプして，手

30　第1部　なにを教えるか

20 教育実習生の最も長い部分を
ジャンプしている少年です.

21 小学校の少年たちが互いにパー
トナーになっています.

に体重をかけます．これが，跳躍のはじめの段階です．重度の学習困難のある子どもたちには，まず実践してみせる必要があり，そうすることにより，子どもたちも試みようとします．徐々にジャンプはより高く，弾力性がでてきます．子どもたちが，上手にお尻をもちあげられるようになれば，次はパートナーの後ろをジャンプして回り，反対側に着地するようにさせます．これは脚を開き，膝とお尻をより高くもちあげ，身体をねじるという動きで，側転のはじまりといえます（写真21）．この活動では，重度の学習困難のある青年と思春期の子どもが互いにパートナーになれます．能力の高い子どもたちは，パートナーを飛び越えるように側転をしてみせたり，パートナーの片側からもう一方へジャンプをするときに，脚を腕の間から抜いて，完全に飛び越えてしまうでしょうし，カエル跳びをする子どもたちもいます．これらの活動は，すべて自分の体重を上手に操作する活動経験です．

〈スイング（揺り動かす）〉

　自信のない子どもたちは床から離れるのを怖がることもありますが，スイングの自由な流れの感覚は，普通はとても楽しいものです．幼児をスイングさせる最も簡単な方法は，2人の大人がそれぞれ子どもの一方の手首と足首をもち，大人と子どもがお互いに手首をしっかりもって，二重に握りあうとよいでしょう．手と指で握りあうだけでは，滑りやすく，あまり安全とはいえません．このように，大人が子どもを頭側や足側にやさしく数回揺らしてからおろします．子どもに自信がつくと，頭側をより高く，勢いよく揺らすことができます．完全に自信がもてると，子どもをほぼ垂直になるまで高く振り上げたところで，子どもの足を放し，自分の足で着地させます．着地する直前の宙にぶら下がった瞬間は，とても楽しく，飛んでいるように感じられます（写真22）．

　自由な流れの，冒険的な感覚をとても喜ぶ子どもたちもおり，できるだけ高く揺り動かしてもらいたがるでしょう．このように過剰な活動性を示す子どもたちには，1人の大人が，子どもの片方の手首と足首をもって，床の上に子どもの背中で円を描くようにすべらせるとよいでしょう．こうすれば，子どもは床を離れることなく，自由な流れの感覚を得ることができます．

22 聴覚障害のある子どもが，高く揺り動かされるのを楽しんでいます．

23 重度の身体障害と学習困難のある小児が力を経験しています．

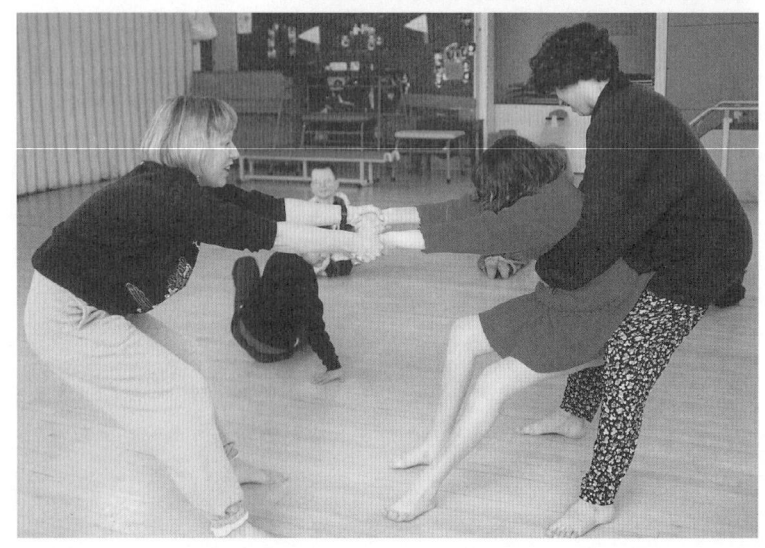

大人や思春期の子どもたちをスイングさせるには，それぞれの手足に1人ずつ，4人の介助者が必要です．腕をもつときには，片方の手で手首を握り（お互いに手首を握りあうようにします），もう一方の手で肘より上を握ります．脚をもつには，片方の手で足首を握り，もう一方の手で膝の下を握ります．はじめてスイングを経験すると，子どもはとても驚きます．4人の人たちの力と介助のもとに，介助者を信頼して完全に身を任せなければなりませんが，スイングをする感覚はとても楽しく，年少の子どもたちも，思春期の子どもたちも，たいていもう1回を要求してきます．

　それまでの活動が，体力を精いっぱい使うものでなければ，スイングを経験したあとに子どもたちの興奮を静めるのはとても難しいため，この活動は，ハイライトとしてセッションの最後にするのがよいでしょう．「介助しあう」活動は，力とエネルギーを必要とする「対抗する」活動と上手にバランスをとらなければなりません（38ページの「対抗する人間関係」参照）．

　「介助しあう」活動と「対抗する」活動のバランスを上手にとることで，健康的で心地よい疲労感をもたらすことができます．

分担する人間関係

〈ボートこぎ〉

　分担する活動で最も簡単なのは，パートナーがお互いに向かいあって，脚を投げだして座り，一方のパートナーがもう一方のパートナーの脚の上に自分の脚をのせる方法です．幼い子どもの場合には，年長のパートナーの腿の上に座らせます．パートナーはお互いに手首を握りあいますが，幼い子どもの場合には年長のパートナーは，子どもの腕をもってあげてもよいでしょう．そして，お互いに後方に倒れてから起き上がりますが，パートナーが床に背臥位になっている間，もう一方のパートナーは身体を前に傾けます．

　この活動には2つの目的があります．1つは，信頼の表れである，子どもが背臥位で床に自分の頭を置くのを助けることです．

　もう1つの目的は，年長のパートナーが起き上がって座位になるために，年

少のパートナーに年長のパートナーを引き起こさせることです．大人は，子どもがどの程度力強く引っぱっているかを観察し，必要に応じて子どもが気づかない程度に力を貸してあげなければなりません．ある瞬間，子どもは大人より高い位置になり，次の瞬間には大人のほうが高くなります．通常，このような位置でアイコンタクトはとられます．この活動で，パートナー同士がお互いに，順番に支えあい，引っぱりあい，子どもはパートナーと自分自身を信頼し，分担する活動に貢献することになります．

〈パートナーとバランスをとる〉

　多くの要素が必要とされるバランスの分担は，健常児と援助を必要とする思春期の子どもたちとで取り組めます．パートナーがお互いに向かいあって床に脚を開き，膝を立てて，安定した姿勢で座り，お互いの手首を握りあって強く引っ張りながら，一緒に立ちます（写真24）．2人の距離は，腕を少し曲げた程度です．立ったあと，お互いの体重のバランスをとりながら一緒に座ります．お尻を後ろにつきだすと，体重が後方にかかり，バランスがとりにくくなるため，後ろにつきださないようにしなければなりません．この活動は，立位から始めることもできます．脚を開き，手首を握りあって身体の上部をそらせて，しっかりした姿勢をとるので，パートナーを支えると同時に，パートナーに支えられるという経験になります．重度の学習困難のある子どもたちは，バランスを失うことを怖がり，安定した姿勢でいようとしますが，幅広いムーブメントのプログラムをとおして，お互いに依存しあい，支えあうという関係を学ぶことができるようになります．

　パートナーとバランスをとるには，相手に対して繊細でなければならないと同時に，自分自身の体重がかかっている部分をコントロールしなければなりません．バランスをとるということはまた，自由な流れのムーブメントとは逆に，コントロールされた動きが要求されます．これは，活動が意思に基づいて行われているということであり，2人の間での集中力と，お互いに相手を「聞く」能力が必要とされます．介助者の身体の中心と体重を支えている脚と腰が十分にコントロールされていれば，介助者は自分の注意をすべて子どもに向けること

1章　人間関係の発達　35

24 重度の聴覚障害のある子どもたちが，パートナーの体重とバランスをとっています．集中力に注目してください．

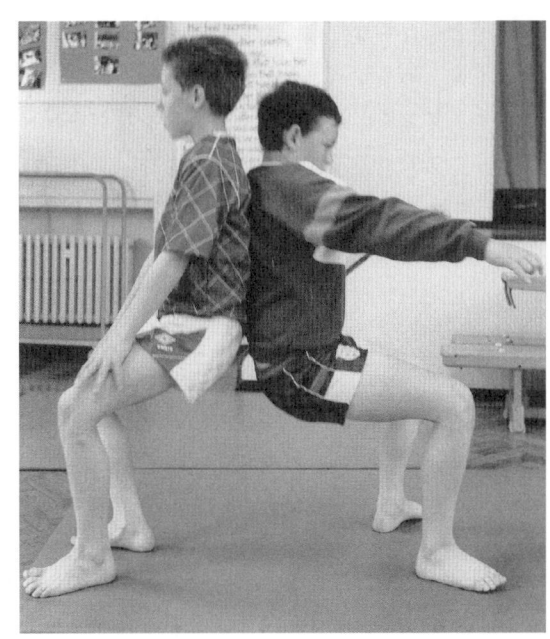

25 初等教育後期の少年たちが背中合わせでバランスをとり，立ったり座ったりしています．

ができ,「聞くこと」と,人間関係を築く能力を高めることができます.大人が自分の体重を十分にコントロールできていれば,子どもが扱えるだけの大人の体重を子どもにかけて,体重の軽い子どもとバランスをとることもできます.

〈シーソー〉

　敏捷で,協調性の高い子どもたちは,シーソーをして楽しめます.片方の子どもが起き上がると,もう一方の子どもは身体を沈みこませます.また,2人で背中合わせになって座り,膝を曲げて,足元をしっかり安定させ,お互いの背中を強く押しつけて一緒に立ち上がることも楽しめます(写真25).子どもたちは,脊柱全体を相手と接触させてバランスをとり,それから一緒に座ります.この活動には,腿の筋肉の強さとパートナー同士の繊細な協力が必要です.子どもたちはまた,逆さまになってバランスをとることも楽しめます.背臥位になり,お尻を床につけて,脚を空中に上げ,お互いの手首を握りあって,足を強く相手に押しつけ,床から離れるように押し上げて,全身でアーチをつくり,肩で体重を支えてバランスをとります(写真26).

　子どもたちは,大人や年長のパートナーの腿の上に立ってバランスをとることも楽しめます.大人は子どもと向かいあい,脚を開き,膝を曲げて立ち,子どもの手首を握り,子どもは,足を左右それぞれの大人の腿の上に置いて乗ります.子どもが小さければ,大人は子どもの肘をもつとよいでしょう.子どもも,大人も身体の上部をそらせるようにすると,スリルのあるバランス活動になります(写真27).

　3人,4人,または5人がグループで円になって,バランスをとることもできます.このコントロールされた流れと,繊細な認識をもった活動は,大人より子どものほうが楽しめ,子どもたちは自分たちが考えていた以上に活発なバランス活動を楽しめます.子どもたちは他者とバランスを分担したり,パートナーの背中で膝立ちをする場合に,すべての注意を活動に集中させます.動機づけが十分にあれば,集中時間を長びかせることができます.大人にもかなりの集中力が必要であり,声の調子やしっかりとアイコンタクトをとることで,子どもを集中させます.子どもは年長のパートナーが活動を共有して一緒に楽

26 自閉的傾向の子どもたちが，逆さまでバランスをとっています．

27 情緒や行動上の問題のある少年たちの見事なバランスです．

しむことにより，より強く動機づけられます．

ほかの「分担する」関係については，すでに〈抱きあう〉(28ページ参照）で説明してあります．

「対抗する」人間関係

子どもが「介助しあう」人間関係の中で，年長のパートナーからのムーブメントの活動経験を受け入れ，主導性を発揮して自分から活動するようになると，年長のパートナーと「対抗する」人間関係の活動を経験する準備ができたといえます．幼い子どもたちや重度の学習困難のある子どもたち，情緒的な問題をもつ子どもたちの場合，この素地ができるまでに数カ月かかることもありますが，自信に満ちた，活発な子どもたちであれば，活動を始めたばかりでも，この「対抗する」人間関係を楽しめます．またこの活動は，過敏で，介助されるのを脅かされることのように感じ，刺激的でかなり活動的な動きしか受け入れようとしない神経症的徴候のある子どもたちに働きかける，唯一の方法であるかもしれません．「対抗する」人間関係の活動で，子どもは年長のパートナーに対抗する自分の力を試します．年長のパートナーは子どもの力に合わせ，子どもは活動をとおしてコントロールされた力を獲得していきます．

「対抗する」人間関係の活動の目的は，子どもが集中して向けるべきエネルギーの方向づけを援助し，決断力を獲得させることにあります．子どもにとって，自分の力をコントロールすることを知り，習得し，その力を強すぎず，弱すぎず，適切に使うことを学ぶのは大切です．年長のパートナーの課題は，力の戦いに勝ったり，優勢になったりせずに，年少のパートナーに力の運動経験をさせることです．年長のパートナーは，年少のパートナーの力を試し，努力するように励まして，子どもが可能なかぎりのエネルギーを発揮したときに，はじめて勝たせます．これは簡単なことかもしれませんし，とても難しいことかもしれません．子どもたちを勝たせることが難しいと思う大人もいるでしょう．子どもは最終的に勝たなければなりませんが，勝つために懸命に努力をするように励まされるべきです．「対抗する」人間関係の活動は，ユーモラスな遊

びとして行われることが特に大切です．

　特別な配慮を必要とする子どもたちの主要な問題点の1つは，集中力がなく，そのために経験から学習することができないということにあります．子どもたちが，自分の力を集中させ，前に向かってまっすぐに使うことを学べれば，自分のエネルギーを方向づけ，すべきことに集中するスキルを獲得するでしょう．子どもにとって楽しく，やりがいのある活動に注意を向けることを習得すると，直接的にはそれほど魅力的ではない活動にも，もっと注意を向けることができるようになります．子どもたちが，ムーブメントの活動をした後は，しなかった場合より，他者へのかかわりをもつこと，教室での課題に注意を向けることが容易になる，ということが研究によって明らかにされています．

〈子どもを押しつぶす〉

　床に伏せている子どもの上に大人が横たわり，大人の身体の下から子どもは身をよじって這いでてきます（写真28）．大人は子どもが耐えられるだけの体重をかけ，子どもはそこから逃れることで，大きな満足と達成感を経験し，さらに押しつぶされそうな感覚も楽しめます．大人は子どもに力と決断の経験を養わせます．

〈岩〉

　力と安定性があり，健常児も援助の必要な子どもも両方が楽しめる「対抗する」活動があります．床に膝をつけて，両脚を開き（両脚を閉じていると，土台がしっかりしないため，このことは大切です），指も開いて手を床に固定して，しっかり安定した四つ這い位をとらせます．これで子どもは「岩」になります．大人は子どもの膝を軽く押して，この「岩」の強さを試します．子どもの身体が，圧迫に対してしっかり安定していれば，大人は少し強く押すことができますが，子どもが姿勢を崩してしまうほどに強く押してはいけません．大人は，子どもが集中しやすい雰囲気をつくるために，前方からまっすぐに子どもに働きかけます．大人の声や態度は，子どもを強く固定させ，まっすぐ集中したアイコンタクトを得させます．そして，大人は後ろから肩を押してみます．子どもはそれに耐え，体幹と両脚に力を集中させます．大人は軽く圧迫することか

28 保育所：保育士の身体の下から這い出てきました．

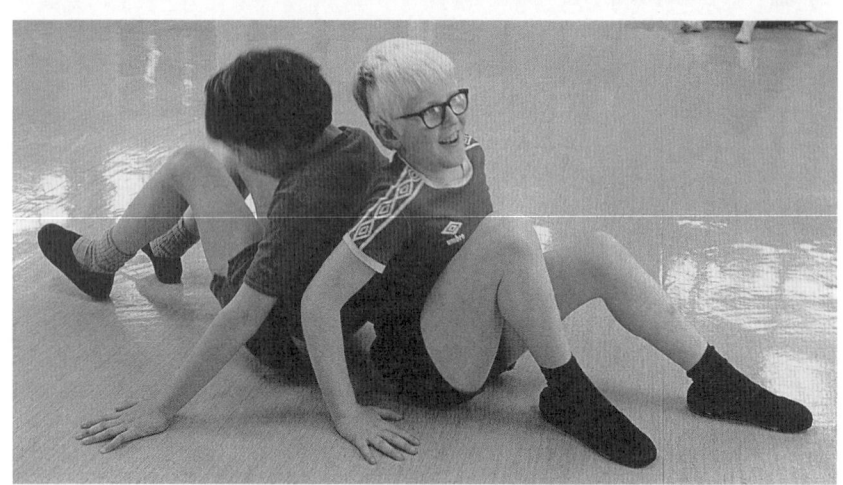

29 重度の聴覚障害のある子どもたちが，背中合わせで押しあって，安定性と強さを試しています．

ら始めて，子どもの力が増大するにしたがって強く圧迫していきます．この活動の目的は，子どもに安定性と固定性を経験させることであって，それを損なうことではありません．

　大人が「岩」になり，子どもに試させるときには，子どもを励まして，大人の膝を強く押させましょう．子どもが十分に力を出しきったと感じられたら，大人は倒れます．子どもはそれをとても喜びます．

　力の概念をほとんどもっていない重度の学習困難のある子どもたちと活動する際には，大人は子どもの傍らに座り，子どもの片手を大人の肩に置いて「押して！」といったり，子どもが腕で押すのを助けなければならないかもしれません．（子どもが押すと）大人はすぐに倒れます．そうすることで子どもの努力が報われ，次にはもっと努力をするようになるでしょう．なにかを押しやったり，足で蹴ったりするのは，幼児期の初期の段階にみられる行動です．他者に対して，なにかをすることは，受身的な子どもには不可欠な経験であり，この活動は子どもがなんらかの主導性を示す，最初の手がかりになるでしょう．

〈背中合わせ〉

　子どもたちがお互いの安定性と力を試し，その経験を養いあう方法にはいろいろあります．最も簡単なのは，2人の子どもたちが背中合わせに座り，脚を開いて，膝を曲げて立て，しっかり床につけ，両手を後方の床に押しつけて，前方に広いスペースを作るというものです．それからお互いに後ろに押しあって，パートナーの力がどれくらいかをみます．通常の結果は，ほとんど動きのない押しあいになります（写真29）．大人同士が思いきり力を出しあうと，いつも大笑いになります．年長の健常児が年少児と活動するとき，2人ともすぐに勝敗を競うのではなく，試しあうということを理解し，お互いにパートナーの力を発達させていることを悟ります．

　これを変形させた活動の1つで，どんな子どもたちでも楽しめるものがあります．2人1組になって，背中合わせに座り，片方のパートナーが「エンジン」になり，もう一方のパートナーを床の上ですべらせて進ませます．「エンジン」になる人は，手と脚を曲げて床を強く押し，進ませてもらう人は床の抵抗を最

小限に抑えるために，膝を曲げ，床にそって歩くように動かします．これで，できるだけ速く動くことができ，押されている人が動く方向にかじ取りをすることになります．次に，役割を交替します．体重の重いパートナーが，軽いパートナーに押してもらうとき，脚だけでなく手も使って，年少のパートナーが上手に押せるように助けます．

　背中合わせの人間関係は，脅かされることなく，顔を向かい合わせた人間関係より受け入れやすく，快適でもあるため，背中合わせに乗る活動をとおして内向的な子どもたちとも容易に友だちになれます．

　身体がしっかり安定していて，動かないものとして経験でき，床にしっかり張りついている身体の力を探る姿勢が3つあります．四つ這いで「岩」になることはすでに述べました．2つ目は，片方のパートナーが床に腹臥位でしっかり張りついて，「絶対に動かない」といわんばかりに地面にしがみつき，もう一方のパートナーが片側に膝をついて，パートナーの肩と腰を押したり引いたりして土台を崩そうとするものです．「動かない」と決めて力を入れている人を動かすのは，ほとんど不可能です．この活動の目的は，パートナーの安定性をより強くすることで，それを損なわせることではありません．両方のパートナーが精神的にだけでなく，身体的にも力をしっかり集中させているのです．子どもたちは，背中や頭頂，脚でもパートナーを押すことができます．子どもが大人を押す場合，大人は子どもが成功するように子どもの力にしたがって転がりましょう．腹臥位は背臥位よりも強固ですが，背臥位はお互いに相手の表情を見ることの楽しさもあります．

　3つ目の安定した姿勢は，四つ這いで片方の脚を横に伸ばしてしっかり床につけます．横に脚を伸ばすことで，より安定します．このテントのような姿勢は，前後左右どの方向からでも力を試すことができます．押す人は，身体に手をしっかり当て，どこに力を加えるかを事前に伝えて，軽く押すことから始めます．身体が圧迫にゆるがずに，しっかりした力を感じるのは面白い経験です．押される人が自分の身体を十分にコントロールできるように，エネルギーの適切な使い方を養うことができます（写真30, 31）．

1章　人間関係の発達　43

30 重度の学習困難のある子どもたちが「岩」を試みています．少女は安定性を，少年は力を少し認識しています．

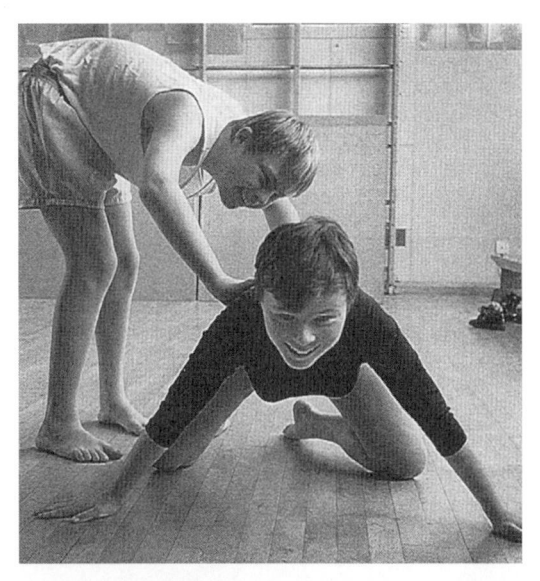

31 エネルギーを集中させて，「小包みを開き」ます．

〈監房〉

　対抗する力を経験させる最も簡単な方法は，年長のパートナーが子どもを両脚の間に座らせて「家」をつくることです．はじめは，受容力のあるゆりかごや繊細な容器のような「家」も，年長のパートナーの両腕と両脚がしっかり子どもをつかまえてしまうと，「監房」になります（写真32）．子どもは「正面の扉」（両腕はこじあけることができます）や横の「窓」，「煙突」から抜けだすようにうながされます．年長のパートナーは，子どもが抜け出すためにもがくのを十分に引きとどめた後，子どもを逃がします．ほとんどの子どもたちは「監房」から逃げだすと，すぐにもう一度しようと戻ってきます．

　幼い子どもたちの中には，大人に対抗して押すという概念が理解できず，消極的に中にいようとする子どももいますが，温かく抱いて，励まされれば，子どもたちは抜けだそうとするでしょう．また，社会的に恵まれない子どもたちの中には，「監房」でしっかり抱きしめられることを好み，楽しく，そしてこれまで知らなかった安全な場所から逃れようと思わない子どもたちもいるかもしれません．

　エネルギッシュで，情緒的な問題のあるような子どもたちは，大人が押さえつけている「監房」から抜けだす戦いをとても楽しみ，大人と子どもの間に安全で活気のあるかかわりがもたらされます．逆説的ですが，「対抗する」人間関係は身体的，精神的なふれあいを強化することになります．このタイプの活動には，遊び，格闘，演劇的な要素があり，年長のパートナーのいつ逃がすかの判断と年少の子どもの力に依存しているため，簡単に脱出できてしまうと満足は得られないことになります．

　青少年や成人と活動する場合は，「監房」をつくる人は，パートナーの後ろに座り，両脚をパートナーの腰にまわし，腹部で両足首を交差させます．さらに両腕をパートナーの腕の下にとおして，自分の手首をしっかりつかみます．このように強くつかまえられるとどうしようもないかもしれませんが，一生懸命に努力して戦えば，抜けだすことができます．

　つかまえていることがほとんど不可能な子どもたちもいます．そのような子

32 同じ学校の年少の少女のために「監房」をつくっている中等度の学習困難のある年長の少年です.

どもたちはどんなにしっかりつかまえていても，なんとか上手にすり抜けてしまいます．重度の障害のある子どもたちには，このタイプの「対抗する」人間関係の活動は，人間関係を築く初期の段階での活動としては適切ではありません．

　介助者は，自分自身の力とも折りあいをつけなければなりません．すなわち，力強く，その力を必要に応じて積極的に使う能力を獲得し，この力を人間関係の活動の中でコントロールし，相手の要求に合わせることを習得しなければなりません．また，エネルギーの反対の側面である繊細さときめ細かい接触を適切に使うことも要求されます．大人が自分自身の力と折りあいをつけているかどうかを子どもたちは本能的に察します．男性より女性のほうが，健常児とも，特別な教育を受けている子どもたちとも活動する場合が多いので，女性が自分自身の力を認識するのは大切なことです．

　男児は特に自分の力を試したり，「監房」で格闘することを楽しみます．教師はプログラムのバランスをとって，「対抗する」人間関係の合間に，「介助しあう」人間関係をはさむようにしなければなりません．子どもたちには，穏やかで自由な流れの活動経験だけでなく，強くしっかりした活動経験も必要であり，正反対のものとのバランスをとることが大切です．

2章

身体認識の発達

発達の初期

初期の学習経験の重要性

　乳児は，両親や介助者から身体的な安全と，精神的な安心感を養う活動経験を受けとります．自信と経験の豊かな介助者は，自分が信頼に値し，能力もあり，繊細で，乳児の要求に気づいていることを乳児に伝えられます．どのような月齢の乳児を介助する場合にも，その意図は確固としており，かつ繊細なことです．これは逆説と思われるかもしれませんが，確固としていることは，介助する側が自分のしていることに自信をもっていることの表れであり，介助される側の自信を引きだします．繊細さは，介助される側の個別の要求に合わせて，介助する側が思いやりをもって行動することです．多くの人は子どもと接するときに，子どもたち，特に受身的で自分ではほとんどなにもできない乳児が伝えてくるメッセージに気づきません．

　この繊細さは，介助者が幼児の立場に立って，子どもがどのような活動経験をするかを予想し，その経験をできるだけ楽しく，受け入れやすくすることを要求しています．介助者は温かく，支えるような声，おしゃべり，ハミングや歌を活動に伴わなければなりません．やさしく，リズミカルにはずむことや左右にやさしく揺らされるのは，心地よいものです．

多くの両親や介助者は，初めての乳児をどのように扱うかを学ばなければなりません．少し前までは，大家族の子どもたちは弟や妹の世話をしていましたが，最近では，母親は初めての子どもをもつまで，まったく乳児に接することがないということがよくあります．母親が乳児を扱うことに神経質になれば，それは子どもにも伝わるでしょう．経験のない両親は，初めての子どもから学ばなければなりません．両親であれ，誰であれ，幼児や肢体不自由の子どもを扱う場合，当然，神経質になり，ためらいがちで，子どもを傷つけないかと心配しますが，しっかりと自信をもって扱われれば，幼い子どもたちはみんな安心できます．大人は練習と経験をとおして，自信を獲得していきます．大人が子どものころに，自信をもった温かい扱われ方を経験していれば，それは次世代の子どもにも伝えられやすいものです．重度・重複障害の子どもたちのムーブメントの活動で，介助者が子どもを育てたことのある人かどうか，あるいは理学療法士であるかどうかを見わけるのは簡単で，介助者の自信としっかりした態度，そして繊細さは子どもに伝わり，ほかの人よりも上手に子どもたちとの信頼関係をつくりだすことができます．

発達の初期には，乳児は身体を支えられ，衣服の着脱をしてもらい，抱かれ，入浴をさせてもらい，揺らしてあやされ，遊んでもらいます．このような活動のすべては，乳児の初期の経験の重要な部分になります．抱かれたり，揺らされることは，子ども自身の全身の感覚や重量感を感じさせる全身運動であり，子どもに調和のとれた効果を与えます．乳児の身体が両親や介助者と触れる機会が多いほど，よい効果が得られます．大人に抱かれたり，背負われている子どもは，大人が歩いたり，働いたり，あちこちを動きまわったりするリズムを経験します．子どもは大人の身体の温かさだけでなく，大人の運動からの感覚刺激を受けとります．身体的な接触や接近は，発達途上にある乳児にとって，とても大切なことです．

一般的に乳児の身体は，抱いて，運んでくれる大人の身体にぴったり寄り添います．乳児はしなやかに，弾力的に大人の身体に溶けこみ，自分自身の身体を形づくります．温かく気づかうように抱かれたことのない乳児は，反応しに

くい身体になる傾向があります．ムーブメントの活動の間，このような子どもたちは緊張して硬くなり，コミュニケーションがとれず，反応が得にくいのですが，一方，上手に扱われた子どもたちは，ムーブメントの活動経験に対して，容易に自発的に応じてきます．安全に身体を支えられ，心地よく抱かれるという発達の初期の学習経験は，幼児が人と触れたり，関係をつくりあげていく能力に著しい影響を及ぼします．活動経験は，出産後，自分の子どもと身体をつかって遊ぶ気持ちになれないような憂うつな状態の母親を援助することができ，子どももはじめは苦しみますが，いずれは母子間によい関係がつくりあげられます．

乳児は自分の身体をさすられたり，マッサージされることに反応します．アフリカやアジアの母親たちの中には，自分たちの文化として乳児をマッサージし，乳児の肌にオイルを塗ることがあります．ヨーロッパには乳児をマッサージするという伝統はありませんが，乳児にとって感覚的にも，心理的にもマッサージは役に立ち，母親の子どもに対する気づかいを伝えるという大切な意義があります．

乳児をさするだけでなく，やさしくたたいたり，くすぐったりすることも大切です．たたいたり，くすぐったりすることを，子どもの要求に応じて強くしたり，とても弱くすることもでき，子どもの成長にしたがって身体経験を与えることが繰り返されます．さまざまな身体的な配慮をされてきた子どもとの活動はしやすいものです．

乳児と両親や介助者との相互作用

あらゆる運動行動は，ある種の会話です．最初に両親が働きかけ，子どもがそれに反応します．障害のある子どもたちの両親はほとんど，あるいはまったく反応を引きだせないことに気づき，がっかりして子どもを刺激するのをやめてしまうこともあるでしょう．障害のある子どもたちは，健常児よりもっと感覚刺激や人間関係を築くための働きかけを必要としていますが，子どもたちがまったくフィードバックしなかったり，ほとんど反応しない場合，両親や介助

者が熱意をなくすことも理解できます．

　大人の顔や目に注意を向けるように，子どもをうながしたり，大人がつくるさまざまな音や騒音，大人のことばなどを楽しませ，反応させることが大切であり，これがコミュニケーションのはじまりです．その後に，子どもが自分自身で運動したり，音声をつくりはじめるので，大人はそれをまねて子どもにフィードバックする必要があります．アイコンタクトは初期に発達しますが，継続して強化することが大切です．

　ストレスを抱えていることで，子どもたちと遊んだり，人間関係をもつことができない母親たちには，多くの援助が必要です．特に障害のある子どもたちの両親にもいえることであり，発達の初期に，両親への援助をすることが最も必要です．

身体的スキルの発達

　健常な乳児は，自分で，自分の手足を動かし，力を獲得していきます．力強くける動きは初期にみられ，握りのコントロールも徐々に獲得していきます．身体に障害のある乳児に，自分自身の身体があるということをうえつけるために，受身であっても刺激を与え，動かすことが必要です．障害のある子どもたちは，みなそれぞれに異なるので，障害のある子どもの家族は，子どもがまだ幼い時期からどのように扱い，介助すればよいかを知るために，理学療法士から専門的な援助を受けることが必要です．子どもを機械的に動かすのではなく，訓練が遊びになるように，できるだけ楽しく経験させることが大切です．

　障害のある子どもの介助者には忍耐と根気が必要であり，介助者たちは子どもの扱い方を習得するためのあらゆる援助やアドバイスを必要としています．受身的で，何も要求をしてこない子どもは，一日中静かに寝かせておこうという気持ちになりがちです．重度の学習困難のある子どもたちの学校に通う子どもの中には，まるで生後数カ月であるかのようにみえる子どももいます．このような子どもたちを教える教師には，理学療法とムーブメントの両方の専門家の援助が必要であり，またその情報は両親や介助者にも伝えられ，共有されな

ければなりません（6章参照）．

　乳児は頭を一側に向けて，できるだけ腹臥位にさせるのがよいでしょう．枕はいりません．乳児が頭を回旋させるために頭をあげるときには，いつでも背中と頸のすべての筋肉が使われ，それは徐々に強くなっていきます．強い背筋を獲得することは，座位の準備のために大切です．もし乳児が枕に寄りかかった状態でいると，脊柱は弱く，丸くなっていき，背筋を伸ばして座ることに難しさを感じるでしょう．しっかりと座れることは，大切な発達の達成点の1つであり，それによって子どもの手と腕はすべての目的物に手を伸ばし，操作するために自由になり，手と目のスキルを獲得していきます．座位はまた，食べる，噛む，飲みこむことに影響するスキルの発達にとっても大切です．食物を噛むために使われる筋肉はまた，発語の発達に影響する筋肉でもあります．背筋を発達させるために，早期から子どもに腹臥位で頭をあげるように励ますとよいでしょう．

　重力に抗する動きの次の段階で，乳児は腹臥位で，床を腕で押して上体をもちあげます．これがある程度上手にできることは，「ハイハイ」の準備である四つ這いを達成するためのはじまりです．乳児が自分の体重を上手に扱う方法を試みているのを見るのは，とても興味深いものです．子どもは床から胸を押しあげ，手と膝で身体を支えながら踵の上に座ります．四つ這い位がとれるようになっても，身体は不安定にぐらぐら揺れます．健常児は，自分で這い方を見いだしますが，障害のある子どもは四つ這い位をとることを助けられ，励まして這う努力をさせることになります（6章参照）．

　初期の移動を寝返りする乳児もいます．乳児が背臥位でいるとき，片方の腕や脚を身体の反対側に交差するようにおいて，やさしく引っぱり，乳児に寝返りを教えるとよいでしょう．その結果，乳児は身体の残りの部分を回転させ，励ますと再び回転して，背臥位になることもできます．冒険好きな乳児は，寝返りをしながら室内を探索するでしょう．ときどき座位で片方の脚を使い，もう一方の脚は下に押しこんで前進する子どもがいますが，それより這わせるほうが，両脚が同じように発達するためにはよいことです．這うことは四肢の協

調動作と身体の対側の四肢を使うため,発達の大切な段階であると多くの人が考えています.また,這うことはバランスや体重の操作に影響を与え,身体認識を発達させます.しかしながら,視力障害のある子どもたちは,お尻で移動することが必要であり,子どもたちは自分の頭を物にぶつけないように,手を使って自分の前にある物を探索することができなければなりません.

乳児は,小児用のベッドに臥位になってけることを楽しんだり,両親の腿の上に立って大人の腿をけることを好みます.そうすることで,大腿筋を強くし,子どもが立位で体重を支える準備となるため,膝関節を伸展させて大人を押させるとよいでしょう.子どものどのような活動も,大腿筋を鍛えるための役に立ちますし,脚の長骨で体重を支えることは,長骨の末端部の骨組織が強く成長するためにもよいことです.脚の筋肉で体重を十分に支える準備ができると,乳児は自分自身の力で立位をとるようになります.発達のどの段階にも,このような事前の準備があります.

健常児は座り,這い,立ち,そして歩くことを習得していくなかで,重力に抗することに適応していき,これらのスキルを身につけていきます.障害のある子どもは,これらのスキルを身につけるのに,さまざまな難しさを経験するでしょうし,また理学療法士や経験を積んだ教師からの専門的な援助と励ましが必要です.

就学前児と学齢児

子どもたちが,自分自身の身体を認識するようになるのが最も大切なことです.多くの著者が身体の認識について,身体概念,身体知覚,身体像,身体感覚,身体図式などのさまざまな観点に注目して論じています.体育は,子どもにボール,お手玉,輪,棒などを上手に扱ったり,はしごのようなものやすべり台,ブランコなどの上での動きのスキルを獲得するように指導するものです.「知覚対象を扱うスキル」は,子どもにとって意義があり,教育において重要な位置を占めていますが,本書では身体の認識を獲得させるムーブメントへの「主

体的」アプローチに焦点をあてています．教育には，この両方のアプローチが必要です．子どもは自分自身の身体を認識すべきであり，また対象物の扱い方や外界とのかかわりの方法を学ぶべきです．子どもは「知覚対象物」と「主体（自分自身）」への両方のスキルを必要としています．あらゆる種類の知覚対象物を扱うスキルや手と目の協応の発達についてはすでに多くの議論がありますが，本書では身体認識の獲得ということを重要視しています．

全体としての身体の動き

子どもが身体の部分的な動きだけでなく，全身の感覚に注意を注ぐことが大切です．自由で流れるような体重の移動を伴う身体全体の動きは，すべての子どもに調和のとれた効果をもたらします．体重を利用して行う床上での回転は，特に全身の運動経験になります．あらゆる形の軽くはねる活動は，全身を経験させ，鎮静化させる効果もあります．子どもはトランポリンやトランペット[*5]の上で立位や座位ではね，トランポリンの台に対する自分の身体の全体重を経験し，積極的に体重を利用することを身につけます．トランポリンの上での活動は，どのようなものでも危険が伴うため，資格をもった指導者によって監督されなければなりません．

子どもは床をすべったり，斜面をすべりおりたりすることを好み，全身の自由で流れるような運動経験をします．ブランコで揺れることにより，中等度の学習困難のある子どもたちの学校に通う，8歳の情緒障害のある女児は気分を変えました．ブランコに20分乗ったあと，その子どもは気持ちを落ちつかせ，他児を攻撃せずに教室で勉強することができるようになりました．水泳や水遊びも子どもの気持ちを落ちつかせ，調和させる効果があります．

体重が負荷されている部分の認識

子どもたちにあらゆる種類の移動のスキルを獲得させることは大切です．子

[*5] 訳者注：小型のトランポリン．

どもたちは立ったり，走って跳んだり，さまざまなスポーツ，ダンス，そして戸外活動ができるようになるべきです．身体の下部が十分に熟達していれば，身体の上部は自然に発達するものであり，十分に機能する基礎を獲得することが大切です．

体重を支えていない状態での四肢や脚の動きは，体育のプログラムや手や目を使うクラスでの活動に十分含まれています．子どもたちは自分で簡単に見たり，動かしたりすることのできる脚や手は認識していますが，膝やお尻の認識をするためには援助が必要です．重度の学習困難のある子どもたちの多くは，自分の体重が負荷されている部分のコントロールはほとんどできず，バランスをとるために多くの努力をし，広い歩幅で歩きます．介助者は，子どもが見たり，認識するのが難しく，しかもすべての運動に大切な役割をもつ身体の部分に対する認識を発達させることに注意を集中させなければなりません．

膝の認識

特別な援助を必要とする子どもでも，健常児でも，すべての年齢の子どもたちにとって，自分の膝を認識させる活動は役に立ちます．膝はお尻と脚の間にある「途中の家」のようなものです．膝は，立つ，歩く，走る，跳ぶ，着地する，静止する，方向を変える，座ったり，立ったりするといった身体の動きをコントロールするために最も大切な関節です．膝関節をコントロールし，しっかりと関節を曲げたり，伸ばしたりする筋肉は，骨盤から膝蓋骨，そして脛骨へと延びている大腿四頭筋です．もし膝関節が損傷されると，大腿筋は即座に筋緊張が失われ，膝関節を安定させるために大腿筋を再び強化しなければなりません．

幼児や特別な援助を必要とする子どもたちと活動する場合，体重が負荷されず，脚を自由に動かせる床座位で，膝を認識させる方法から始めるとよいでしょう．子どもたちに膝がどうなっているのかわかるように，しっかり膝をもたせます．子どもたちは膝を曲げて立て，それから膝を下方に押して脚をまっすぐにします．これは「消える膝トリック」といわれる活動です．子どもたちは膝

を曲げ，そしてまた消すような多くの面白い方法を見つけだします．片方の膝に「ポンプで空気を入れ」，それからピンで穴をあけます．また「ネジを巻いて」膝を上げたり，糸で引っ張り上げてから，その糸を切るというようなことを子どもたちはします．これは，いろいろに変化させることができ，子どもたち自身でいくつかを考えだすでしょう．子どもたちは，自分の膝をしっかりつかんで，両方の曲げた膝を合わせるように押しつけ，次には曲げたままで両側にできるだけ広げたり，自分の膝を握りこぶしでたたいて，その音を楽しんだり，膝を平手でたたき，その音が違うことに気づいたりします．また子どもたちは，膝をこすったり，軽くくすぐったりもします．このように，たたいたり，平手打ちをしたりすることで，膝は少しひりひりと痛むでしょうが，子どもたちに自分が骨のしっかりした膝をもっていることを実感させることになります．肘で膝をたたいたり，肘を身体の中心線を越えて交差させて対側の膝に触れたり，顎や鼻を膝につけたりすることもできます．これらは子どもたちに骨や自分自身のつながりを感じさせることに役に立ちます．

〈体重を負荷する〉

次の段階は，子どもたちにとっては楽しいものの，大人にとってはむしろ痛みを感じる活動でしょう．子どもたちは膝をついて上体をまっすぐにします．これは，子どもが膝で体重を支える，はじめてのことかもしれません．子どもたちは膝で歩いたり，床を手で押してすべることもでき，前進だけでなく，後方や側方に方向を変えたり，くるっと向きを変えることもできます．

これらの活動経験は，膝にかかっている体重を見ることはできなくても，子どもたちに膝の認識をもちつづけさせます．

〈閉じることと開くこと〉

肘と膝を認識する移動の方法もあります．子どもたちは腹臥位で肘と膝を近づけて丸くなり，自分の肘と膝を近づけたままで前方へ小刻みにすり足で動きます．頭を引っこめることで，自分をとても小さく感じ，自分自身に向かって接近するという経験に集中できます．子どもたちは，「閉じたり，開いたりする」動物になることもできます．床面に腹部をつけ，床にそって肘を前方に，膝を

後方にすべらせ，全身を伸ばして腹臥位になります．そしてパチンと鳴る指の音を合図に，肘と膝をくっつけて「閉じる」姿勢になります．肘と膝をぴったりとつけることを繰り返して，床にそって前進できます．手と膝を使って動きまわるためのさまざまな方法も考えられます．膝が床に触れることにより，子どもたちに自分の脚と足で体重を支えるという，次の段階への準備としての膝を経験させます．

〈小さな脚〉

肩を膝に近づけてしゃがむ姿勢になり，膝の存在を忘れないようにしっかりと膝をつかみましょう．この「小さな脚」で，子どもたちは歩いたり，ピョンとはねたり，カエルのように跳ぶことができ，前方，後方，側方へと移動し，そしてくるっと回ることもできます．両膝を近づけたり，大きく離したりして動くこともできます．動物や小さな人間になったように感じる「小さな脚」を子どもたちはとても楽しめます．型にはまった大人たちよりも，はるかに創造性に富んださまざまな歩き回る方法を子どもたちは発見します．

脚を開いて安定した姿勢でゆっくりと膝を伸ばしていくと，立位に近くなりますが，膝を少し曲げたままで「大きくなる脚」になります．また，あやつり人形がぐっと引っぱられるような一連の動きでも「大きくなる脚」になれます．体重が脚にかかると膝を忘れがちになるため，子どもたちは膝をもったままで，さまざまな方向やリズムで歩き回ります．膝をくっつけたり，大きく離したり，ハサミのように交差させることも，膝をつかんだまま歩いたりジャンプすることもできます．また，片方の膝を高く横に上げてジャンプし，もう一方の膝でも同じようにしたり，両脚で小さくジャンプしたり，片方の膝で誘導しながら方向を変えて回ることもできます．このようなムーブメントをすることで，子どもたちは膝が身体の中で大切な１つの部分であると感じるでしょう．

〈高く上げた膝〉

膝をもたないで歩いたり，ジャンプすることが最後の段階になります．子どもたちは膝を認識しつつ，もっと自由に膝を動かします．片方ずつの膝で「高く上げた膝」を経験させるとよいでしょう．まず膝を下顎に向けて前方にはね

あげさせ，次に膝が片方の耳につくほどに側方へはねあげさせます．子どもを四つ這い位にさせ，片方の膝を後方に高くもちあげさせますが，うつ伏せに倒れないために膝を後ろにはねあげさせないほうが安全です．このようにして，子どもは膝を高く，前方へ，側方へ，後方へともちあげられることを発見し，それによって股関節がゆるめられ，空間での方向がわかります．

子どもたちは，よく両脚をそろえてジャンプします．後方へのムーブメントは，重度の学習困難のある子どもたちにとって，片方の膝が視野から消え，自分の脚を見ることができないために，最初は難しいかもしれません．後方の空間の認識は，幼児が階段を後ろ向きに降りるときに，次の段に脚をのばすことにみられるように，かなり早期から発達します．

教師は子どもたちに，高く上げた膝でジャンプしたり，走るように求めます．これは重力に抗するものなので，膝を上げることは，重度の発達遅滞の子どもたちには難しいでしょう．高さやジャンプの活動経験は，床の近くでの身体の動きとは対照的な活動です．両脚で跳び上がり，両脚で着地するのは，ジャンプと脚の動きが制限されるために適切ではありません．片方の脚で空中に高く跳び上がり，もう一方の脚で着地する「空跳ぶ脚」は，跳ぶ感覚や自由で流れるような感覚が経験できます．高さは肘の助けによって，膝が上方に振りだされる力で得られます．

膝で高さを経験することで，子どもたちはジャンプをコントロールしはじめ，脚を使って高さを獲得することに慣れてきます．スキップは，身体を支えている脚がピョンと跳ぶ間に，もう片方の膝に誘導されて身体を高く上げます（写真33）．はじめから，この協調運動をするのは難しいでしょうが，それぞれの膝を連続して上げるギャロップは楽しめます．目的は，地面から離れ，重力に抗し，必要な努力をしている間，膝の認識をもち続けて，自由な流れの活動経験を獲得することです．跳ぶということは，どのように落ちるかを学ぶことですが，これについては，あとで説明します（67ページ参照）．

〈表現する脚〉

健常児は脚で表現することを発見し，楽しみます．子どもたちは，両膝をぴっ

33 重度の学習困難のある子どもたちが，高い空間を探索しています．

たりつけたり，大きく離たりして，どのように歩くかを見つけようとしたり，膝を少しコントロールして，ほとんど倒れそうにぐらぐらする膝や「ゼリーのような」膝で歩くことを楽しみます．これは膝を後ろに押しつけて（「膝のないような」）歩き回るのが難しい硬くなった脚や，わずかに膝を曲げた強くしっかりした脚とは対照的です．膝を曲げることは，膝関節の筋肉でコントロールされています．

重度の学習困難のある子どもたちは，身体のバランスを崩すことがとても難しく，広い歩幅やすり足で歩くのとは対照的な，ふつうの歩き方や安定性を獲得するのに多くの援助が必要です．こうした子どもたちにバランスを崩して動くことを求めるのは適切ではありません．

〈おもしろい歩き方〉

健常児は，1人が低くなって「小さな脚」で歩き，パートナーは長いまっすぐな脚で歩いたり，パートナーが膝をくっつけるかぐらぐらした脚で動いている間，子どもは膝を硬くして大きく開く，というように相対する方法で，パートナーと一緒に活動することを楽しめます．パートナーの1人が誘導し，もう一方が従うことで演劇が発展し，子どもたちは創意豊かにさまざまなおもしろい歩き方を楽しみます．脚に表現力をもたせるのは，多くの喜劇やピエロの特徴です．

お尻の認識

お尻は身体の中央にあって，簡単には見えないため，認識するのが難しい部分です．子どもたちはみんな，つるつるした床の上をお尻で回りたがります．子どもたちは両手で自分自身を回すように押し，自由で流れるような回転を楽しみます．回転して最後に，子どもたちに床に倒れるように提案するとよいでしょう．1人の子どもが偶然にそうなったとき，教師がこれを取りあげて，子どもたちみんなに試みるように求めることもあるでしょう．

子どもたちが痛い思いをせず，リラックスして穏やかに，自信をもって倒れることができるのは大切です．痩せた人には痛いかもしれませんが，年長児は

大腿骨頭*6で「歩く」こともできます．

　子どもたちは，背臥位で膝を曲げ，両脚の間を少し離して床にしっかりつけて安定した姿勢をとるとき，お尻をよりよく認識することができます．子どもたちは，肩と脚でバランスをとってお尻を上げ，身体でアーチをつくり，パートナーはこのトンネルを這ってくぐります．

　1章で述べたように，年長のパートナーの肩を越えて回転する活動でも，子どもたちがお尻を認識することができます．年長のパートナーは脚を投げだして座り，子どもがパートナーの後ろに立ちます．子どもは床やマットに向かって脊柱が伸展するのを感じ，回転して最後にお尻が地面につくことに気づきます．また，パートナーが子どもの肩やお尻を地面にそって転がすとき，お尻と肩が認識されるはずです．

　2人が立位で互いにバランスを取りあうことは，お尻が認識されているかどうかを試す，最も難しい方法です（34ページ参照）．互いに脚を開き，膝を少し曲げて身体を安定させ，土台である踵の上方の延長線上にお尻を置き，手首をもって向かいあいます．この姿勢で骨盤が前後に揺れると，パートナーは互いに支えあうことを難しく感じます．踵の延長線上にあるお尻でバランスをとる能力は，多くのスポーツ，特にスキーには欠かせません．

　お尻への認識は，うさぎ跳びやしゃがんだ状態で体重を両手にかけて，お尻を空中に向かってはねあげる場合にも得られます．高く上がったお尻は，パートナーが四つ這いで「馬」になり，もう1人のパートナーがその「馬」のお尻と肩に手を置いて，お尻を高くはねあげることにより経験できます（写真21参照）．

　安定した姿勢や四つ這い位での子どもの安定性を試す場合，パートナーはお尻を含む全身を使わなければなりません．お尻を後方に突きだすと，腕は前方に押しだされる傾向があります．試す人は，動作に伴って体重を移動させなければ，力の使い方に無駄が多くなります（写真30は，お尻と膝が認識できてい

---

*6 訳者注：股関節を形成する大腿骨の上端部．

ない知的障害がある男児です）．協調的な動きができる子どもは，お尻を身体のほかの部分と同じ方向に動かしながら，押したり，引いたり，ボールを打ったりします．すべてのスポーツやダンスに見られるように，重心を低くする場合には，身体の最も重い部分であるお尻を後方に突きだすと体重をコントロールするのが難しくなるため，踵の上方でバランスをとらなければなりません．お尻と脊柱は，人間が最も認識しにくい部分です．

体幹の認識

　すべての子どもたち，特に幼い子どもたちにとって，体幹は未知の部分です．体幹は四肢をつないでおり，体幹を認識していない子どもは，不確実な，連続性のない動き方をします．このことは，発達の遅れのある子どもたちに特に顕著にみられます．身体の中心への認識がある子どもは，連続性のある一貫した動き方をします．体幹の認識は，転がったり，とんぼ返りをしたり，倒れる活動で体重を移動させる際に観察されます．子どもは体幹の前や後ろを床やマット，体育用具で経験したり，転がる，回転する，すべる，這うなどの活動により，ほかの人の身体をとおして経験します．

　敏感で活動的な身体の中心をもっている子どもは，身体的な経験から学ぶことができ，新しい経験は子どもの身体に浸透していくことを示しています．床の上を左右に揺らされ，すべらされるときに，腰がしなやかに左右に曲がるなら，子どもはリラックスしており，情報が身体に入力されつつあるといえます．身体の中心部が硬いと，身体を認識するための新しいスキルを教えることができません．腹部とみぞおちは，体幹の中でも特に重要な部分であり，肩や背中，お尻の認識と切り離すことはできません．

　学ぶのを楽しいこととして経験するためには，体幹の認識を高めるすべての活動を楽しい方法で提供されなければなりません．身体は立って，バランスをとらなければならない場合よりも，十分に支えられているほうがより自由に動かせるため，体幹の認識は床のような支持面にもたれている場合に最も獲得しやすく，またバランスの維持に影響されず，空間的にもしなやかに身体を動か

すことができ，すべての関節に顕著な運動性を得ることができます．

〈体幹の側方への動き〉

　脊柱はこわばって硬いことが多いですが，トカゲのように這うことを身につければ改善されます．腹臥位で一側の肘と膝をくっつけ，脊柱をカーブさせて片側がくぼむようにします．そして，次に反対側の肘と膝をつけ，脊柱が曲がるまで反対側の手を前方に伸ばし，脚で身体を前に押しだします．この方法で，子どもに脊柱の片側から反対側への最大屈曲を得させながら床を這って進ませます．この脊柱のカーブは上方から観察することができるので，パートナーが立って，もう一方のパートナーの背中が曲がるのを見るとよいでしょう．

　身体に障害のある子どもや大人たちは，立てなくても，このようにしてしなやかに床を進むことができ，互いに這って乗り越えたり，部屋の中央に人の山をつくることもできます．いつも車いすに乗っている人にとって，身体を認識すること，自力で移動すること，そして身体的な接触は特に大切です．床を這っている間は，ほかの場所を見るのが難しいため，アイコンタクトは人に向けられます．

　すべての床が，回ったり，すべったり，這うことに適しているわけではありません．床は清潔で，わずかにすべりやすく，触れると温かいことが望まれます．

中心の認識

　丸くなれることは，子どもたちが丸くなる中心を認識しているということです．

〈小包み〉

　丸くなるための最も簡単な方法は，「小包み」か「小荷物」になることです．子どもは腹臥位になって膝を抱えます．パートナーは，子どもの手足を，子どもが幼くて少しの力しかもっていなければやさしく引っぱり，子どもが力強ければ強く引っぱって，子どもが丸くなりつづける力をもっているかどうかを試すことができます．この目的は，子どもが開けられてしまわないように抵抗する力を獲得することにあるため，包みを開けてしまわないことが大切です．

重度の学習困難がある子どもたちの多くは，中心の認識をもたないか，あるいは少ししかもっていないため，丸くなることを助けなければなりません．大人は子どもを抱き，子どもの身体をくっつけて，ボールのように丸くなる経験をさせます．空間への動きが何らかの意義をもつためには，「家」である中心から動きが生じなければならないので，丸くなることのほうが，空間に向かって身体を伸ばすことより大切です．ダンスや体育の活動の中で，動きが中心から生じていないため，質がなく，まとまりのない動き方をする子どもたちを見かけることがあります．中心を経験することにより，空間への動きは，なんらかの意義をもつようになります．

子どもたちは，教師の身体で作った荷物を開ける試みをすることで，「小包み」をつくるのがどのようなことかを経験できます．教師は背臥位になり，膝を抱きます．子どもたちは教師の両腕や両脚を引っ張り（一度に8人以上はできません），教師は子どもたちが教師を開けることに一生懸命になっているのを確認しながら，子どもたちのグループが成功するように，ゆっくりと応じます．

より能力の高い子どもには，もっと身体の中心を維持する能力を試すことができます．子どもは腹臥位で丸くなり，大人は子どもの胸や腰の下をもって，子どもをもちあげます．子どもは重力に抗して身体を丸くし，もちあげられている間，「着陸装置（手や脚）」を納めた姿勢を維持します（写真34）．これは，3歳から7歳の比較的体重の軽い子どもたちにだけ試みることができます．子どもたちは，これを楽しみ，達成感をもちます．子どもたちが「ほどけて失敗」した場合には，側臥位で，身体を丸めている子どもを引っぱる試みに戻らなければなりません．

前方回転を試みる場合，子どもたちはその間ずっと身体を伸ばさないで，ボールのようにしておくことになるため，前方回転をする前に，鼻と膝を近づけたり，身体を丸くするスキルを獲得させるために，子どもたちに「小包み」を試みるとよいでしょう．

重力に抗して「小包み」の状態を維持する能力について，3歳から4歳の健常児と発達の遅れのある子どもを比較することは興味深く，中心への知覚がよく

34　「小包み」．重度の聴覚障害のある子どもは，身体の中心部をよく認識しています．

発達した子どもは，たとえ少しの間でも身体を丸めることができます．

前方や後方への回転（1章参照）は，子どもにひっくり返る間，身体を丸め続けることを教えます．子どもが前方回転を試みる場合，支える人の肩の上で丸くなって前方に曲がらず，身体をアーチのように後方に曲げてしまうことがあります．

脊柱が後方に伸びすぎることはよくないため，このような子どもには，丸くなった姿勢を保たせる援助が必要です．

前方回転は，丸くなることのほかに，肩，脊柱，そしてお尻に連続的に体重を移動させることを教えます．「教育された体幹」は，自由で流れるようにしなやかに，そして高度の身体知覚をもって動くことができ，効率的でなめらかな体重移動の方法を認識できているのです．

体幹の回旋

身体を丸めることは対称的な動きですが，ねじることは非対称的で，身体の一部を回旋させ，それに他の部分が続く際に観察され，子どもが床で臥位から側方へ肩が回転を誘導してお尻がそれに続くか，その逆に，しなやかで連続的に転がる場合に，明確に観察されます．多くの子どもたちは，丸太のように硬くなって回転するために，体幹のねじりを体得させるのを援助しなければなりません．しなやかな回転の目的は，身体の柔軟性と脊柱の関節の運動性と動きのなめらかさを獲得することにあります．

体幹の回旋は，子どもがある活動から別の活動にスムースに移行する場合にも経験されます．たとえば，子どもが床に座ってお尻で回転し，側方へ倒れ，腹部で回り，そして素早くねじって再び座るなどです．これには，それぞれの新しい姿勢や活動を連続的にするための身体の準備も含まれ，体重を操作して身体を上手に使うことが要求されます．

力強い回旋は，子どもが腹臥位で四肢を床につけないで，または床に背中だけをつけて体幹を素早くねじって回転するような場合に経験されます．腹臥位では，身体が伸展しており，背臥位では屈曲した姿勢になります．このように

35 幼い友だちを信頼し，またがって前進しています．

して，連続的な回転とねじるという動きは，体幹のしなやかで運動性のある使い方を獲得させ，能力の高い子どもはこれを楽しめます．

倒れ方を身につける

怪我をしないで，安全に倒れる方法を身につけることは，すべての子どもたちにとって，また特に学習困難のある子どもたちにとっては大切であり，子どもたちは，段階的に倒れ方を身につけることができます．

1. 身体の一側をつけて腹臥位になり，そこから後方に倒れる場合に，最も小さな倒れ方が経験できます．
2. 次は，床に膝を大きく開いて曲げ，脚を交差させて座った姿勢（あぐら座位）から倒れます．身体を一側に倒し，体重が腿から一方のお尻，肘，腕，肩，そして背中へと移動する間ずっと身体をボールのように丸めておきます．膝，腿，お尻，腕，肩，そして背中はとても柔らかく地面に吸収されていきます．それから，子どもは身体を反対側に勢いよく振り上げるようにして起き上がり，再び座位になります．身体は転がるボールのような経験をします．
3. 子どもたちは腹臥位で丸くなり，側方に背中がつくまで転がり，再び腹臥位になるまで転がり続けます．身体を丸めて転がる場合に，子どもが両膝を開いてしまうなら，スムースでなめらかな体重の移動ができるように助ける必要があります．子どもたちは，両手で床を押すこともできます．
4. 次の段階は，四つ這いからの倒れ方です．子どもは，肘，上腕，肩で身体を支えるため，片腕を曲げて体幹で体重を受ける準備をしながら，身体の一側を床に沈めます．背中がなめらかに床につくまで，膝，腿，お尻は床につけたままにしておき，子どもが再び四つ這いに戻るまで回転を続けます．側方へ倒れたり，回転するのは心地よいことです．これは，マットの上で練習でき，ジャンプや高い位置から飛び降りる場合に役に立つ着地の方法です．着地の前には空中で身体を側方に傾ける必要があ

り，子どもは両手と両足（四点着地）で，床に跳びかかるような姿勢で着地して，側方に倒れて転がります．
5．子どもを助けて，膝立ちや立位から倒れさせるとよいでしょう．いずれの場合も身体の各部分が安全でなめらかに体重を受ける準備をして，身体が一側に吸収されるように倒れます．
6．次の段階では，その場でジャンプし，跳びかかるように，両手，両脚で着地し，前項（5．）の吸収されるような側方への回転をします．
7．最後の段階では，その場でジャンプし，跳びかかるような四点着地ができるように，空中でわずかに向きを変え，走ってきたのと同じ方向に向かって側方へ転がります．

　跳ぶことや倒れることには，極端な体重の操作や高さや深さが必要です．能力の高い子どもたちは，走ってきて倒れることを楽しみ，倒れてすべる子どももいれば，倒れて転がる子どももいます．自信のない，スキルの劣る子どもたちは，自分の身体を統御する自信を獲得するために，倒れることを身につける初期の段階での多くの経験が必要です．子どもたちが，倒れることは必ずしも痛いことではないと気づけば，地面から離れてする体操器具に取り組む準備がさらにできてきたといえます．マットの上に倒れることを教えるのは，体育の準備の助けになり，また重度の学習困難のある子どもたちに，高い所からジャンプする勇気を与えます．

　すべてのムーブメント教育の目的は，身体の統御とコントロールを強化することによって，子どもたちに自信を獲得させることにあります．

第 2 部 | **なぜ教えるか**

動きの分析：右の図はラバンの動きの理論を応用したものです．

　図の中央の円は，体幹と手足を含む身体全体を表しています．この下に「重力に委ねる（身体に重力が働くままにさせておく）」と，「重力に抗する」という，2つの重力に対する対照的な姿勢が示されています．空間における6つの方向を左側に一覧にしました．円の上方は「人間関係」，そして右側は「動きの質」です．右側の「動きの質」の枠の中の矢印は連続性を示しています．エネルギーの質を示す「やさしい（gentle）」は，ここではむしろ「穏やかな（light）」という意味で（より適切な語は「繊細に（sensitive）」であるとは思いますが）用いています．流れの質を示す部分では，「制限された（bound）」ではなく，「コントロールされた（controlled）」と記述しました．「速い（quick）」と「遅い（slow）」は，ラバンの用語でいう「突発的（sudden）」と「持続的（sustained）」を言い替えたものです．

3章

動きの分析：ラバンの動きの理論

1938年に英国にきたときには，彼の考えはほぼ完成していましたが，ラバンは生涯をとおして動きの理論を発展させていきました．下の図は，ラバンの動きの分析のなかから，私が教える人たちにとって必要と思われる部分を抜粋して，人間の動きの諸側面を要約したものです．教える人は，これらのさまざまな動きの側面を，自分で経験してみるとよいでしょう．身体のどの部分が，空

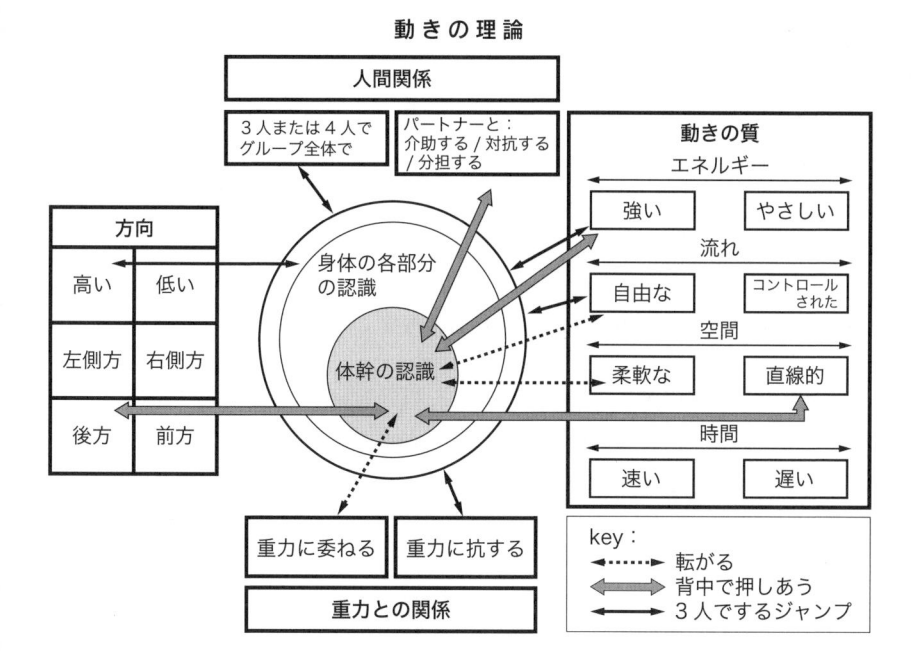

動きの理論

- 人間関係
  - 3人または4人で／グループ全体で
  - パートナーと：介助する／対抗する／分担する
- 身体の各部分の認識
- 体幹の認識
- 方向
  - 高い／低い
  - 左側方／右側方
  - 後方／前方
- 動きの質
  - エネルギー：強い／やさしい
  - 流れ：自由な／コントロールされた
  - 空間：柔軟な／直線的
  - 時間：速い／遅い
- 重力との関係
  - 重力に委ねる／重力に抗する

key：
- ------→ 転がる
- ⇔ 背中で押しあう
- ←→ 3人でするジャンプ

間のどの方向に,そして,なによりもどのように動くのかを知っておく必要があります.

ラバンの動きの分析は,大きく3つの部分に分けられます.

1．身体のどの部分が動いているのでしょう？

これを評価するために,観察者は自分自身に以下のことを問わなければなりません.

- 身体は全体で動いているのでしょうか,あるいは身体の一部分だけが動いているのでしょうか？
- 動きは身体の上部が動いているのでしょうか,あるいは主に身体の下部が動いているのでしょうか？
- 身体の中心部が動いているのでしょうか,または末梢部（手や脚）だけが動いているのでしょうか？
- 肘や膝などの中間点は使われていますか？
- 身体は協調して動いていますか？

身体はさまざまな動き方をします.

(a) 叩く,投げるなどの動作にみられる連続した動き ── 身体のさまざまな部分が一連の動きをします.

(b) 突く,押すなどの同時に動く動作 ── パートナーを押す動作では,身体全体が同時に1つの方向に動きます.

2．空間のどの方向に身体は動くのでしょう？

ラバンは,身体の動きを前後,上下,左右の6つの方向で述べています.教える人は,通常,あまり動かすことのない方向に動かすようにすることで,子どもたちの空間認識を豊かにしなければなりません.

前　後

ふつうは,人は自然に前方に動きます.教える人は子どもたちに後方に動い

たり，手や脚を後方に伸ばすように勧めなければなりません．重度の学習困難のある子どもたちにとって，自分の動きを見ることのできない後方の空間を使うのは難しいものです．

上　下

空間に高く伸び上がったり，地面近くの低い位置で動くことは，身体全体の動きを伴います．頭部が前方に向いていれば，体幹を上方に引き伸ばさなくても腕を高い位置にもっていけます．地面近くの低い位置での動きは避けられることが多いものです．上下方向への最も大きな動きは，最初に重力に抗し，それから重力に委ねるという跳躍と着地によって経験できます．正しい着地の方法を教えられた小学生は，この活動をとても楽しみます（2章参照）．身体が上方に動くときには軽快さや身軽さが感じられ，動きが下方に向くと，押しつけるような力強さを感じます．

左　右

左右への動きは，空間方向の認識をより容易にします．両方の腕を対称的に左右に動かすと，身体は必然的に外側に広がります．両腕を体幹に近づけ，体幹の正中線を越えて反対側に移動すると，身体は閉じる方向に動きます．

両下肢も同じように，側方に広げたり，ハサミ状に交差させたりすることができます．身体のどの部分でも左右に動かすことができます．膝を認識させる場合には，教える人は子どもたちに両膝を後方や左右に，高く，低く動かすように伝えることで，空間の探索を子どもたち自身のやり方で発達させるとよいでしょう（2章参照）．

これらの6つの方向は，ラバンのいう Dimensional Scale（次元尺度）を構成しています．彼は，空間を用いて，より複雑な三次元尺度を発展させ，空間の各点を結ぶ動きの道筋の重要性を強調しました．

子どもたちの身体認識が発達していなければ，空間への動きには意味がなく，

むなしいものになりますが，身体認識の発達によって，空間方向は大切な意味をもちはじめます．

後ろ・後方へ・前・横へ・横・高い・低い・上方・下方・向こうなどの語は，子どもたちが身体で経験することで意味づけられます．

3．どのように，どの方向に身体は動くのでしょう？

これは，ラバンの動きの理論のなかで最も大切で，説明が最も難しい部分です．動きのこの側面を理解するためには，十分な経験が必要です．ラバンは人の動きを異なる4つの側面に分類しました．

- エネルギー（または体重や重力）に対する姿勢
- 動きの流れに対する姿勢
- 動きの空間的道筋に対する姿勢（空間での方向的運動とは異なり，動きは3つの次元のすべてを含みます）
- 時間に対する姿勢

これらの動きの諸側面は，活動要素（motion factor）や動きの要素（movement elements）と呼ばれ，それぞれにエネルギー，流れ，空間，時間を明確にしています．

ラバンは，これらの活動要素に対する2つの相反する姿勢を，「それらと戦う」「（それらの要素を）楽しむ」と説明しています．

エネルギー

エネルギーに対する姿勢は，一方の極を「最強」，もう一方の極を「最弱」または「微弱」とする範囲で表すことができ，両極の間には，多くの段階があります．

流　れ

これは正しく認識するのが難しい概念です．動きの流れに対抗する人は，よくコントロールされており，いつでも動きを抑えることができます．動きは意

思によってコントロールされます．それと反対に動きの流れに対する姿勢は，動きがコントロールされていないときに見られ，一度動きはじめると容易に止めることができない．叩く，投げる，回転する，方向転換する，転がる，ジャンプする，走るなどの動きの特徴です．パバーヌ[*1]やメヌエット[*2]のような，いくつかのダンスのスタイルは，コントロールされ，規制された流れを強調しています．たとえば，回教の修道僧の旋回舞踊（ぐるぐる回る動き）には，連続した自由な流れが見られ，極端な自由な流れは恍惚状態をつくりだします．

ラバンはまた，流れのもう1つの側面（断続的な流れ）を，ガタガタしてリズミカルでない動きと述べています．

空　間

空間に対する2つの対照的な姿勢があります．空間に抵抗する人は，空間を効率的かつ直線的に動き，その結果はまっすぐな動きになります．このような直線的な動きは，スヌーカー[*3]をするときにみられます．また，空間を楽しむ人は，すべての利用可能な空間を使って，前後，上下，左右へと立体的に動きます．結果的に，動きの空間的な道筋はしなやかであったり，ねじれていたり，らせん状であったりします．たとえば，テニスのサーブをするとき，ボールの飛びはまっすぐであっても，身体はしなやかで，曲線的な動きをします．空間の利用には，一次元，二次元，三次元を含むさまざまな段階があります．

時　間

これは，比較的に観察しやすい活動要素です．人は素早く，突発的に，急いで動き，時間に抵抗するかと思うと，時間を楽しみ，ゆっくり，持続的に動いたりします．学校や日常生活ではスピードが重視されがちです．本当に持続した動きが見られることは多くはありませんが，日本の能やいくつかのヨガなど

[*1] 訳者注：威厳に満ちた，穏やかな舞踏．
[*2] 訳者注：三拍子の穏やかで優雅な舞踏．
[*3] 訳者注：ポケット玉突きの一種．

に動きの内的経験が重視されているものがあります．突発的な動きは，静止またはゆっくりした動きに続いて起きるとき，特に印象的になります．

動きの質

動きには次の8つの質があります．
1. 強い（strong） 2. 穏やか（light） 3. 規制された流れ（bound flow）
4. 自由な流れ（free flow） 5. 直線的（direct） 6. しなやか（flexible）
7. 突発的（fast） 8. 持続的（slow）

幼い子どもたちを教えたり観察すると，これらのうちの1つや2つの質に気づくことがありますが，一度に4つ以上の質に気づくことはあまりありません．

私たちが，強い，規制された流れ，直線的，突発的などの戦う姿勢ばかりをとると，パンチ（殴りつける）やスラスト（押しだす）という動きになります．反対に，穏やか，自由な流れ，しなやか，持続的などの軽快な姿勢は，フロート（ただよう）のような動きになります．パンチやフロートは，ラバンが動きの8つの質の組み合わせにより生じるとした8つのうちの2つです．グライディング（滑走）は，穏やか，規制された流れ，直線的，持続的という質の組み合わせであり，ヒッティング（叩く）は，強い，自由な流れ，しなやか，そして突発的な質の組み合わせです．あとの4つは，プレス（圧迫），リング（ねじれ），フリック（振動），ダグ（軽打）です．

教える人は，教えることに影響を及ぼすこれらの8つの動きの質のどれがみられ，どれが潜在的にあり，またどれがないのかに注意を向けなければなりません．

71ページの図に3つの活動〔転がる，互いに背中で押しあう，（2人に支えられた）3人でするジャンプ〕が，それぞれ違う矢印で表されています．これらの矢印は，同時に存在する動きの各側面を示しています．床やマットを転がるような単純な動きは，主に体幹が関係し，子どもたちは重力にしたがって，しなやかに自由に流れる動きをしなければなりません．子どもたちのなかには，流れが抑制され，柔軟性のない転がり方をする子どもたちもいます．子どもたち

に，もっと力を抜いて転がらせなければなりません．

　互いに背中で押しあうような活動で，突っぱる力は手足の力ですが，主に背中が関係します．エネルギーに対する姿勢は強く，方向は後方，流れはコントロールされ，パートナーとは対抗する関係です．

　2人の人が，真ん中の1人をできる限り高く押し上げるという「3人でするジャンプ」を示す図のなかの矢印は，3人が同じ動きをするわけではありませんが，グループとしての中心的な動きである押し上げる動きを説明しており，全身が関係し，動きは上方向に強く，直線的です．

　ムーブメントを教える人は，それぞれの活動において身体のどの部分が主に関係するのか，どの方向に，どのような質の動きが要求されるのかを認識しなければなりません．子どもたちは，パートナーとの活動をとおして，自分自身について学ぶことになります．その後に，3人，4人，または5人で，そして最終的には大きなグループでの活動を導入することができます．

　ラバンの動きの分析は，教える人が人間の動きをどのように見るべきかを知るために理解する必要のある枠組みを示しており，観察の結果，教える人はなにを教えるかを決めることができます．

4章

動きの観察

　人間の動きを観察し，分析する能力は，ムーブメントを教えるために最も大切なスキルです．私たちが観察しなければならない動きの最も大切な側面は，子どもがどのように動くかです．

なにを評価するか

教える人や介助者は，以下のことを評価します．
1. 子どもたちの力：大人が特定の子どもたちのグループにとって最も簡単で，自然なムーブメントの方法を設定します．ムーブメントの運動経験は，子どもたちが上手にできるものでなければなりません．グループによって，また子どもたちによって，設定するムーブメントの方法や質は異なります．それぞれのムーブメントの活動は，グループにとって適切でなければなりません．
2. 潜在的な動きの質：より多くのさまざまな動きを身につけるために，子どもが獲得していくべきものです．活動要素のある側面を変化させることも可能です．たとえば，いつも素早く動く子どもを，より注意深く，ゆっくり動くようにさせることもできますし，元気のないようにみえる子どもに，力が得られるようにさせることもできます．
3. 欠けている動きの質：神経症的な子どもたちのなかには，いくつかの動きの質が強調される一方で，それと反対の質が表れないなど，動きのパ

ターンが偏っていることもあります．

目　的

　動きの観察をする目的は，子どもたちに与えられた多くのさまざまな身体的活動に応じて適切な方法で動くことができるように，子どもたちが偏りのない，バランスのとれたムーブメントの活動経験ができるようにさせるためです．子どもたちは，ムーブメントの質を広げ，可能な限り豊かな動きを経験する必要があります．

　多くの子どもたちが，顕著に特定の動きを好み，その動き方は子どもたちの個性を表しています．ある子どもたちは，エネルギーをまっすぐに，注意を集中させるのが難しいことがあります．自分のエネルギーを発揮できず，物憂げで，無表情にみえたり，力ばかりが目立つ子どももいます．また，ある子どもたちは，そっと，ゆっくり動き，他の子どもたちは著しく跳びはねるような流れの緊張した動きをすることもあります．

　ラバンの動きの分析は，教える人や介助者が，偏った見方ではない方法で観察するのに役に立ち（3章参照），ムーブメントの活動は，診断と治療の両方に役立ちます．大人は，子どもにとって有効で，可能な限りバランスのとれた種類のムーブメントを経験させることのできる活動を決めます．

　教える人や介助者は，注意深く動きを観察することで，子どもの出す信号を読み取り，いつ，ある活動から他の活動に変えることが必要かを考えます．大人は子どもたちが新しい刺激を必要としていることや，よりコントロールされたり，繊細な活動に進む準備ができていることなどに気づくでしょう．それぞれのムーブメントの活動は，通常おろそかにされていますが，子どもが経験する必要のあるさまざまな動きを経験させる道程です．

　動きを観察する能力は，実践することで上達します．教える人や介助者は，子どもたちの動きのパターンを観察できるようになるだけでなく，一緒に活動する子どもたちに顕著に影響を及ぼす大人自身の動きの好みと限界を認識する

必要があります．大人自身がすべての動きの質を経験するのが理想的です．それによって，大人は最も自然なムーブメントの方法を判断でき，軽視されがちで，教育活動にあまり取り入れられることのない動きの質に気づくことができます．子どもたちにバランスのとれた，全般にわたるムーブメントの運動経験をさせるために，大人も可能な限りバランスよく，ムーブメントの活動の種類を獲得する必要があります．

教える人のために

動きの観察が，どのように教える人のためになるかを示す例を挙げましょう．

　行動面と情緒面の問題をもつ男児のグループで，子どもたちは極端にエネルギッシュで，強く速い活動を好みました．子どもたちの集中時間は短く，いつも新しい活動に挑戦したがりましたが，そこから彼らが得るものは多くはありません．子どもたちは社会福祉学を学ぶ学生をパートナーとして活動していました．最初のムーブメントの活動で，少年たちはパートナーの熱意を自分たちにとって都合のよいように利用し，大人に対して力をもつことを楽しんでいましたが，6回を経過する間に徐々に大人に対して穏やかに，思いやりと繊細さをもって接するようになって，活動は競争的でなくなり，グループ活動と協調遊びに発展しました．最初に子どもたちの好きな，騒々しい活動をさせ，そのあとに子どもたちのやさしい気持ちを引きだす穏やかで静かな活動を導入することが大切であり，これは，子どもたちが満足と疲労を感じる活動の終盤に，ある程度行うことができます．大人も多分，疲労を感じながらも子どもの気持ちがエネルギーのコントロールされていない状態からリラックスした穏やかな状態に変化することで，子どもたちをことばを介さない方法で理解できるのではないでしょうか．

　これと対照的な状態が，保育士と就学前の子どもたちのグループで観察されました．子どもたちは安全に抱きかかえられ，揺らされることに満足してしまい，新しい活動を起こそうとはしませんでした．子どもたちは，床に腹臥位に

なった大人の背中の上に座ったり，四つ這いになった大人の下を這うなどの活動を通して，自分から活動するように指導されました．子どもたちにエネルギーと力を発見させ，遊ぶための自信を見いださせるための援助をしなければなりませんでした．この過程には数週間を要し，主に自由な流れを身につけさせることで達成されました．

ある子どもたちには彼らの感情と感受性をもっと理解させる必要があり，またある子どもたちには彼らの能力と力を経験させる必要がありました．

子どもの観察

クラスでの子どもたち

　教える人は，グループを理解することが必要です．通常，子どもたちは授業の拘束から解き放たれると元気いっぱいになります．そのときに彼らが望むムーブメントの活動経験は，速く，エネルギッシュで自由に流れるものであり，教える人にとって，このエネルギーを有効に用いる多くの方法があります．多くの幼い子どもたちの特性は，女児より男児に明らかですが，スピード，力，そして自由に流れる動きを好みます．子どもたちのためのムーブメントの活動内容については 5 章で論議しますが，教える人は，子どもたちを豊かにするさまざまな方法を判断しなければなりません．この中には身体認識と空間認識を増進させることが含まれます．繊細さと穏やかさ，持続性や集中性，そして子どもたち自身が身体の中に起きていることに「耳を傾ける」能力なども求められます．これらの新しい動きのムーブメントを自然に獲得できない子どもたちもいます．最初からはできないかもしれませんが，子どもたちがさまざまな動きの活動経験から満足を得，教える人はそれと対抗する動きもバランスよく経験させるようにしなければなりません．

　教える人は，クラスの大多数の必要性にあった活動をするのではなく，ある 1 人の子ども，例えば破壊的であったり，極端に自信に欠ける子どもの特別な

ニーズに合った活動をしなければならないこともあります．

　熟達したムーブメントの観察者は，クラスのさまざまなメンバーからムーブメントのアイデアを得ます．こうすることで，子どもたちが自分の努力に注目されていることに気づき，さらに頑張ることになり，また子どもたちに教える人のアイデアを膨らませるための創意工夫をさせることにもなります．大部分のムーブメントの活動は，教える人が刷新的で，教育的に価値のあるアイデアに素早く気づきさえすれば，子どもたち自身によって発見されます．子どもたちはお互いのムーブメントを試行し，お互いに学ぶことで多くのものを得ることができるのです．

乳　児

　乳児期初期の動きは「全体的」です．四肢は不規則で活発に動き，下肢は素早く，強く伸展しますが，膝関節はちょうつがいのような構造になっているため，ける動作は直線的です．大人の指を握る乳児の力はとても強く，子どもの両手を引っぱると子どもは少し持ち上がってきます．これは乳児が頭を挙げられるようになってからさせるとよいことです．乳児の指と手の動きには，注意深く片手から他方の手におもちゃの輪を握りかえるなどの微細な動きもみられますが，注意深さには繊細な動きだけでなく，規制された流れと持続性も必要です．これらの繊細で注意深い動きには，注視と焦点視を伴います．子どもは特に目で率直に表現するため，まっすぐに注意を向けさせるようにするとよいでしょう．物を取る試みをとおして，徐々にまっすぐな動きを獲得していきます．

　乳児は柔軟に寝返りをします．身体の一部がまず向きを変えはじめ，残りの部分がそれに続きます．また，乳児の身体は痛みにもがくときにしなやかになります．もがく動きは柔軟性と力が合わさっており，この２つは身体に相反する緊張を引き起こします．顔を下に向けて寝かされている乳児は，頭部を上げ，ついには支持面から押し上げます．力は重力に抗するすべての動きにみられます．

身体認識は，乳児が足や手で遊ぶときにみられ，大人はくすぐったり，軽くたたいたり，なでたり，乳児の身体をこすったりすることで，身体的感覚を養うことができます．初期の乳児は，容易に見ることのできる身体の部分しか認識できていません．

幼児

すでに述べたように，幼い子どもは素早く，活発でエネルギッシュであったり，繰り返しのムーブメントや音楽に合わせたリズミカルな動きを好みます．子どもたちはのびのびと動き，ほとんど疲れをみせません．幼児が青年や大人と活動するとき，子どもたちのエネルギーと熱心さは活動に活気を与えます．

幼児は身体認識や中枢部，末梢部のスキルを発達させるかどうかにかかわらず，身体統御を獲得するという課題に積極的に取り組みます．微細な動き，持続性，コントロールされた流れが要求され，範囲が限定された活動は子どもたちにとっては難しいものです．読む，書く，数を処理することは，集中することと目と手の細かな動きが要求され，幼児にとって容易なことではありません．子どもが最初に，あり余るエネルギーを表出する機会があれば，これらのスキルに積極的に挑戦するでしょう．

年長児

年長児は自分のエネルギーを維持しながら動きをコントロールすることができ，ムーブメントの豊富な活動の種類を獲得することができます．9歳から11歳の間の子どもは，最も効果的な年齢にあり，高レベルの身体統御と広範囲におよぶムーブメントの質を獲得し，お互いに協調して活動することができます．子どもたちは多くの有効なスキルと機敏性を身につけており，身体的自信をもっています．私たちは，子どものこの能力を維持するための援助を目指し，思春期にも自信をもちつづけるようにさせるべきですが，残念ながら自信が失われることも多くあります．

重度の学習困難のある子どもたち

　重度の学習困難のある子どもたちの動きを一般化することは難しいのですが，子どもたちには力と，繊細さや軽さという相対立する両方の特質が見られず，強くもなく，優しくもない中間域で動きます．一般的に彼らの動きは，自由でもなければ流れてもおらず，コントロールされていることもありません．しなやかでなければまっすぐでもない，速くもなければ持続的でもないという中間域にあります．子どもたちが身体認識を発達させ，パートナーに対して，またはパートナーと一緒に，力とやさしさを得たときに進歩が得られます．自由な流れを少し試してみたり，コントロールされた動きを身につけたりもするでしょう．集中するには，力と注意力とコントロールされた動きが必要であり，これらの質も獲得するでしょう．子どもたちはまた，身体のある程度の柔軟性と自分の周囲の空間の認識も得ることができ，進歩はゆっくりですが，得るものは多くあります．

ダウン症候群の子どもたち

　ダウン症候群の子どもたちに個人差はありますが，彼らの幼いころの動きには柔軟性と自由な流れの動きが顕著に認められます．実際にこれらの動きの質は，一般の学校の子どもたちよりダウン症候群の子どもたちのほうが，より身につけていることも多く，ダウン症候群の子どもたちの中には身体認識が発達しており，優れた指導によって一般の子どもたちと一緒にムーブメントの活動に参加できる子どもたちもいます．子どもたちの何人かは頑固で，主導権をとりたがりますが，力を好ましい方法で用いることのできる子どもたちもいます．子どもたちにとっての難しさは，微細運動のコントロールと注意を集中させることにあるでしょう．社会的にダウン症候群の子どもは，他の子どもたちとかかわり，世話をすることもあります．彼らに教えることは楽しく，よく発達した自由な流れと，他者に対する柔軟で繊細なよい感情をもっています．

多動な子どもたち

　多動な子どもたちの主な特性は，速さ，自由な流れ，そして力が強調されることにあります．子どもたちの示すエネルギーは他の人にとって，とても不愉快で，人を疲れさせます．子どもたちはムーブメントに集中したり，まっすぐに活動に向かうことはありませんが，習慣的に注意深くなることがあります．多動な子どもは，自分自身の身体に興味を示さず，他者との人間関係を避けようとします．子どもたちの多くは高い場所を好み，危険なくらい高くまで上がってしまうこともあり，地面に足をつけていることを好みません．

　多動な子どもたちとでも人間関係を形成することは可能ですが，このための方法は7章で述べます．

自閉的傾向のある子どもたち

　自閉的傾向のある子どもの動きの主な特徴は，規制された動き，持続性，そして繊細さであり，これらの動きの質は，まっすぐに長い間注意を向け続けることもよくあり，子どもたちはよく1つの特定の対象に取りつかれます．子どもたちは身体認識を獲得することに興味を示さず，他者と人間関係をもつことを避けたがりますが，1対1のかかわりをとおして子どもと通じあうことはできます．自閉的傾向のある子どもたちへの援助方法は7章で述べます．

情緒や行動に問題のある子どもたち

　情緒や行動に問題のある子どもたちにも，さまざまな違いがあります．子どもたちの多くは極端な動き方をします．ある子どもは膨大な力をもっており，また他の子どもはまったく力がありません．ある子どもは忙しそうに動き回り，また他の子どもはとても規制された流れで動きます．これらの子どもたちの多くは，自分自身の身体認識を獲得することに興味を示さず，他者との人間関係をもつことがとても難しいように思えます．

　子どもたちはスタッフの1人や援助をしてくれる大人，または年長児と1対1でのよい人間関係をもつことができれば，ムーブメントの指導を受け入れま

す．情緒的問題のある子どもの多くは知的に優れており，誰も信頼することのできない世界に住んでいますが，もし他者を受け入れることができれば，その子は発達の可能性をもつことになります．攻撃的な子どもは，人間関係の活動のムーブメントを経験した後，優しい面を示すようになり，引きこもりがちな子どもは他者に反応して人間関係を持ちはじめます．重度の学習困難のある子どもの発達が緩慢であるのに対して，情緒や行動に問題のある子どもの場合には突然，劇的な発達がみられ，報いを感じられる場合もあります．

　次のページの質問は，もとは，重度の学習困難のある子どもたちの教師のためのものですが，子どものニーズに合わせて応用することができます．

　　　　　出版社は，教育的または治療的な目的で使用する場合，質問票のコピーについての著作権条項を放棄しています（コピー可です）．

子どもの名前＿＿＿＿＿＿＿＿＿＿＿＿＿＿＿　年齢＿＿＿＿＿＿＿＿＿＿＿＿＿＿
子どもの機能のおおよそのレベル＿＿＿＿＿＿＿＿＿＿＿＿＿＿＿＿＿＿＿＿
＿＿＿＿＿＿＿＿＿＿＿＿＿＿＿＿＿＿＿＿＿＿＿＿＿＿＿＿＿＿＿＿＿＿＿

子どもとパートナーとのかかわりの観察

1. 子どもはパートナーに体重をかけることができますか？　一部分／完全に
   どのような活動で？＿＿＿＿＿＿＿＿＿＿＿＿＿＿＿＿＿＿＿＿＿＿＿
   ＿＿＿＿＿＿＿＿＿＿＿＿＿＿＿＿＿＿＿＿＿＿＿＿＿＿＿＿＿＿＿＿
2. 子どもはアイコンタクトをとることができますか？　　　はい／いいえ
   どのようなときに？＿＿＿＿＿＿＿＿＿＿＿＿＿＿＿＿＿＿＿＿＿＿＿
3. 子どもは包みこまれることが好きですか？　自由な流れで／援助されて
4. 子どもはパートナーの世話ができますか？　　　　　　　はい／いいえ
   どのような方法で，子どもは主導性をもちますか？＿＿＿＿＿＿＿＿＿
   ＿＿＿＿＿＿＿＿＿＿＿＿＿＿＿＿＿＿＿＿＿＿＿＿＿＿＿＿＿＿＿＿
5. 子どもはパートナーとバランスがとれますか（相互信頼と援助）？
   　　　　　　　　　　　　　　　　　　　　　　　　　はい／いいえ
6. 子どもはパートナーのことばを理解できますか？　　　　はい／いいえ
   子どもは音声に反応できますか？　　　　　　　　　　　はい／いいえ
7. 子どもは話せますか？　　　　　　　　　　　　　　　　はい／いいえ
   どのようなことばですか？＿＿＿＿＿＿＿＿＿＿＿＿＿＿＿＿＿＿＿＿
   ＿＿＿＿＿＿＿＿＿＿＿＿＿＿＿＿＿＿＿＿＿＿＿＿＿＿＿＿＿＿＿＿

子どもの自己認識の観察

〈全身〉
8. 子どもは自分の体重を床面にかけることができますか？　一部分／完全に
   どのような活動で？＿＿＿＿＿＿＿＿＿＿＿＿＿＿＿＿＿＿＿＿＿＿＿
9. 子どもは自由な流れの動きを好みますか？　　　　　　　はい／いいえ
   どのようなかたちで？＿＿＿＿＿＿＿＿＿＿＿＿＿＿＿＿＿＿＿＿＿＿

10. 子どもはしっかりと安定することができますか？　　　　はい／いいえ
　　どのような方法で？＿＿＿＿＿＿＿＿＿＿＿＿＿＿＿＿＿＿＿＿＿＿
11. 子どもは力の方向づけとコントロールができますか？　　はい／いいえ
　　どのような活動で？＿＿＿＿＿＿＿＿＿＿＿＿＿＿＿＿＿＿＿＿＿＿
12. 子どもは自分の身体の中心を認識していますか？　　　　はい／いいえ
　　子どもは自分の身体を丸めることができますか？　　　　はい／いいえ

〈身体の部分〉

13. 子どもは膝を認識していますか？
　　　　　　　　　　座位で（体重をかけない）／立位で（体重をかける）
14. 子どもは身体の他の部分を認識していますか？
　　　　　　　　　　　　　　足／お尻／手／肘／顔／背中／腹部

一般的観察

15. 子どもは他の子どもとかかわりをもつことができますか？　はい／いいえ
　　2人またはそれ以上？　　　　　　　　　　　　　　　　　　はい／いいえ
　　どのように？＿＿＿＿＿＿＿＿＿＿＿＿＿＿＿＿＿＿＿＿＿＿＿＿＿
　　いつ？＿＿＿＿＿＿＿＿＿＿＿＿＿＿＿＿＿＿＿＿＿＿＿＿＿＿＿＿
16. いつパートナーと子どもは最もよい接し方ができましたか？＿＿＿＿＿
　　＿＿＿＿＿＿＿＿＿＿＿＿＿＿＿＿＿＿＿＿＿＿＿＿＿＿＿＿＿＿＿＿
17. いつ子どもは最も熱中しましたか？＿＿＿＿＿＿＿＿＿＿＿＿＿＿＿＿
　　いつ子どもは最も集中しましたか？＿＿＿＿＿＿＿＿＿＿＿＿＿＿＿＿
18. 信頼と自信はどのように発達しましたか？＿＿＿＿＿＿＿＿＿＿＿＿＿
　　＿＿＿＿＿＿＿＿＿＿＿＿＿＿＿＿＿＿＿＿＿＿＿＿＿＿＿＿＿＿＿＿

第3部 どのように教えるか

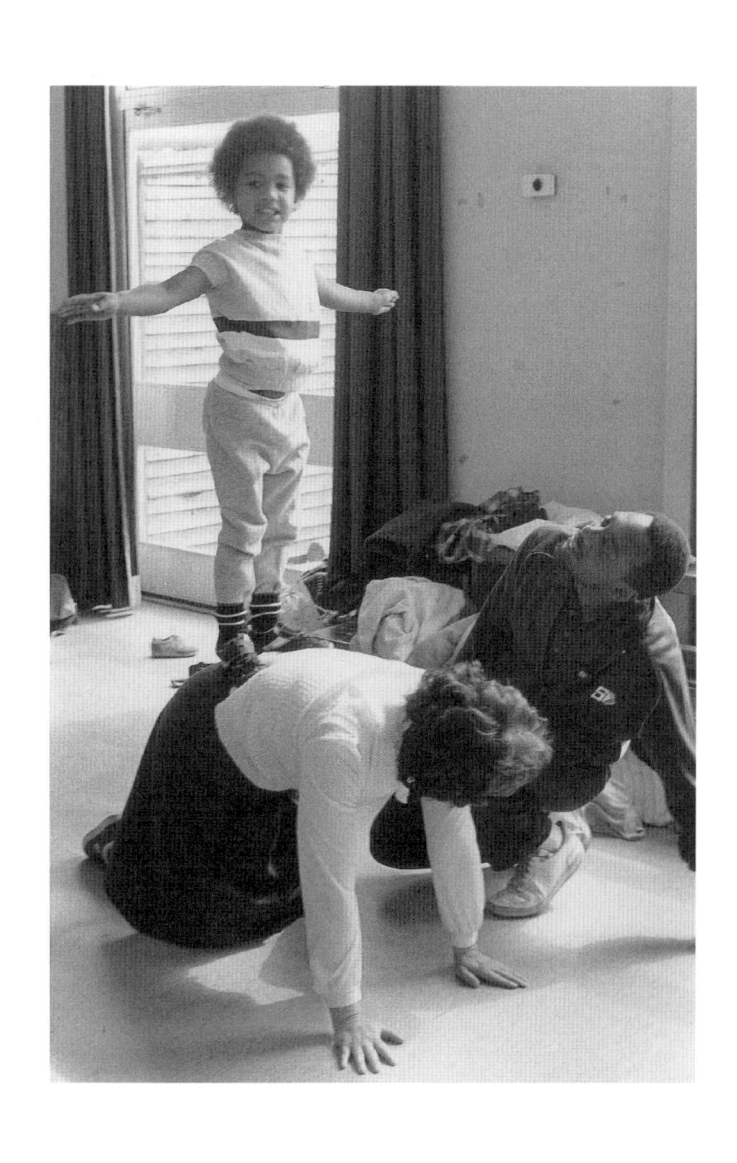

5 章

教える内容，枠組み，方法

重度の学習困難のある子どもたち

導入の活動

　重度の学習困難のある子どもたちは，通常 6〜10 人くらいの少人数にクラスが編成されています．少人数にするのは，クラス内の子どもたちの能力や障害が広い範囲に及ぶためです．子どもたちと初めて接する人にとって大切なのは，グループをつくり，子どもたちと関係をとりやすくすることです．まず，それぞれの子どもたちの名前を覚えることが大切です．また，子どもたちに安心感を与えるためにクラスの担任の先生にも一緒に参加してもらうとよいでしょう．子どもたちを集め，全員が身体を寄せ合うように座らせます．それぞれの子どもの名前を覚えるために，1 人ずつの肩か膝に手をおいて，アイコンタクトをとるとよいでしょう．学校で先生の姓が使われているか，名前が使われているかを事前に確認したうえで，子どもたちに教える人の自分の名前を伝えます．子どもたちが教える人のことを知り，子どもたちの名前を覚えているかどうかを楽しむ，この導入は大切です．

　そのグループが内向的で，その場の雰囲気におびえているようなら，子どもたちを教室の一隅に集めてマットに座らせるとよいでしょう．さらにグループを作り上げるために，教える人は子どもたちと一緒にお尻で後方に動き，そこ

から再びお互いに近づいてグループに戻るように指示します．お尻で動くときには，足と手で床を押します．子どもたちに輪になって座るように指示しないで，どの子どもがグループから外れて座るかに注意を向けましょう．お互いに離れて後方に移動し，元に戻る活動を何回も繰り返します．離れるときよりもっと早くグループに向かって集まることで面白くなり，みんなで集まることが強調されます．

最後にお互いに離れたあと，教える人は腹臥位になり，子どもたちにも同じようにするように伝えます．ほぼ円形になったグループのメンバーの間の空間は広がります．再び床を手や肘で押してお互いに近づき，そこから手で押してお互いに離れて後方に移動します．子どもたち同士，また子どもと教える人との間のアイコンタクトは，床面で視野が狭められるために助長されます．最良のアイコンタクトは床面でとられます．

全員で腹臥位になり，子どもたちが楽しく楽器を打つように，手で床を大きな音をたてて打ちます．子どもたちが後方へ移動してクラスが広がると，教える人は起き上がって座り，手で床を強く押してお尻でぐるぐる回り，子どもたちにも同じようにさせましょう．誰かが転ぶかもしれません．この動きを，回転する，転倒する，そして起き上がるという動作も含めて子どもたちに試みさせるとよいでしょう．特に上手に転がる子どもを選んでデモンストレーションをさせてから，他の子どもたちにも同じようにさせます．子どもたちがこの活動にはもっと空間が必要であると感じれば，次第にグループは広がっていきます．子どもたちは適当に自分から活動に適した空間を確保しようとするので，教える人がグループに広がるように指示してしまわないことが大切です．

次に子どもたちを転がらせますが，自信のないこどもたちのクラスではデモンストレーションが必要でしょう．ここでも上手に転がることのできる子どものデモンストレーションを，ほかの子どもたちに見せるとよいでしょう．活動をしている間ずっと，それぞれの子どもの名前を呼び，褒め，少しでも頑張っていることが認められる子どもたちを励まします．もし，じっと見ているだけで活動に参加しようとしない子どもがいても心配する必要はありません．子ど

もは，みんながしていることのすべてに注意をはらっており，いずれ参加してきます．

これらの活動は子どもたちにとって目新しいものが多いのですが，教える人が活動に参加し，グループのメンバー一人ひとりを励まし，関心を示すことで，子どもたちも加わってきます．

そのクラスの反応や子どもたちの能力に応じて，教える人はさまざまな方法で導入の課題を発展させていくことができます．教える人は子どもたちを集め，「部屋の中を走り回りましょう」と言ってもよいでしょう．グループの子どもたちがそうしようと思えば，子どもたちは部屋中を駆けだすでしょう．のんびりと走る子どももいるでしょうし，身体の不自由な子どもも精いっぱいのことをするでしょう．

展　開

先に述べた活動の順序で，やや規制されたムーブメントから臥位で転がるなどの自由な流れのムーブメントへ，また床上のムーブメントから立ったり，走ったりする床面から離れるムーブメントへというように，制限された動きから自由な動きへと移っていきます．

安心感

この一連の活動は，グループと床から得られる安心感で始まります．さらに子どもたちが教える人との人間関係の中での安心感を得るために，教える人が子どもたちの名前を呼ぶことです．4つ目の安心感は，倒れたり，転がったりする活動によって子どもたちが腹部や背中が床に接するのを感じる身体の中心から得られるものです．

セッション

教える人がクラスの子どもたちをよく知っているようでしたら，教える人は子どもたちと一緒に輪になって脚を投げだして座ります．子どもたちは自分の

セッションのプラン

1	グループの確立（子どもたち，教える人，補助教師） まとまりの強調
2	グループの広がり より広い空間での人間関係の維持
3	ムーブメントは，より個別的になります 転がる，倒れる，きちんと座るなどでの体重の操作 連続した動きをする能力の獲得 さまざまな方法で，上記を達成させます
4	回転（臥位） 体重の自由な流れ（必要であれば，ぎこちない回転との対比） さまざまな活動をさせます
5	床から離れる：走ったり，ジャンプしたりします 広がりのある空間の利用
6	セッションを自己認識させることへと進めます クラスのニーズに応じた可能な進め方 ＊子どもが膝を認識していない場合，膝を認識することに時間を少し費やし，膝で走ることを繰り返します ＊走る，倒れる，転がるという連続した動きの経験 ＊ジャンプ（どこでジャンプする子どもを援助するか？　肘で？　膝で？） ＊床に戻り，腹部でくるっと回り，床を這い，床を足で押して背中ですべります
7	以下のようにセッションを終わらせます パートナーと：パートナーと転がったり，すべらせたり，揺らしたりします グループで：クラスのみんなで教える人を転がしたり，引きずったりします（クラスが少人数の場合）

膝を軽く叩くことから始め, それから膝を持って, 曲げたり伸ばしたりします. 教える人はこれに声を合わせ, 膝をまっすぐに伸ばすときにはみんなで何か声を出すとよいでしょう. このムーブメントは素早く行わなければなりません.

教える人は子どもたちに2章で説明した, 体重を負荷しない状態での膝の認識の活動をいくつかさせ, それから高く膝を上げて部屋の中をスキップさせたり, ギャロップさせるなどの, より自由な活動に移らせるとよいでしょう. そのあと, 再び子どもたちに床で倒れたり, 転がったりして体重を操作させる活動を導入します. はじめに, 子どもたちにさせたいことを明確にするために, 子どもたちを集めてその活動を見せるとよいでしょう. よい人間関係が築き上げられれば, 子どもたちは何を要求されているかを理解するようになり, デモンストレーションは必要がなくなります. 大人が参加することで, 子どもたちはもっと楽しめます. 教える人は活動に参加し, 子どもたちが偶然に見つけだす活動のバリエーションのなかに, 他の子どもたちにとっても役に立つ活動がないかどうかを観察することで, 新しい活動を上手に導入できるようになります.

重度の学習困難のある子どもたちを教える人は, ことばを理解し, 上手に, 自信をもって動く健常児の学校の先生より, ムーブメントのセッションに教える人自身が参加しなければなりません. 重度の学習困難のある子どもたちを教える先生たちの多くが, ムーブメントのクラスは, ほかの授業よりも子どもたちのことがよく理解できると言っており, ムーブメントのクラスに自分自身も参加するクラス担任の先生は, 子どもたちをよりよく知ることができます.

セッションを始める前に, 子どもたちにホールや体育館を走り回るなど自由にさせるべきです. そのあとに初めて床上でしっかり活動をさせることができると考えている人もいるでしょうが, 忘れてならないのは, 子どもたちは, 立っているときよりも床に接しているときに, 自分自身の身体について多くを感じるということです.

子どもがどのレベルに達していても, セッションの第二段階では, できるだけパートナーとの活動を含むべきです. ここで教える人は, 1人の子どもを転がして, 子どもたちがパートナーを転がすときにどのように気を配るべきかを

示し，同時に転がされている子どもがリラックスしていることも説明します．それから，教える人が臥位になり2～3人の子どもたちに転がらせてもらいます．子どもたちにパートナーとの活動をさせる場合，人間関係をもつことが難しい子どもは，先生や補助の先生にパートナーになってもらうとよいでしょう．

　パートナーを引きずる活動を導入するのであれば，その方法を子どもたちに見せます．年長の子どもたちが年少の子どもたちを援助するようになっているクラスであれば，年長の子どもたちは自分たちのムーブメントのクラスで，すでにその方法を見ているでしょう．年長の子どもたちの助けなしに教える人が1人でする場合は，子どもたち全員に教える人を引きずらせます．このようなケースでは，教える人が子どもたちの注目の的となります．

　重度の学習困難のある子どもたちは，背中合わせに床に座り，パートナーを押して滑らせる活動を好みます．シーソーは，簡単なパートナーとの活動であり，また（写真36のように）1人の子どもがアーチを作り，その中をパートナーが這って通ることもできます．これらの子どもたちのムーブメントのセッションの基本的な段取りは，自己認識から始めて，パートナーの認識へと進めることです．パートナーとの活動は，3～4人が一緒になって，さらにグループとしての活動へと発展させることができます．

　年齢が1～2歳しか違わない子どもたちのクラスを一緒にすることもでき，その場合は，補助の先生の協力も得て，2人の先生が分担することになります．

　子どもたちは，ほかの子どもたちからの刺激を受けながら活動を楽しみますが，セッションを進める間，教える人はそれぞれの子どもたちに肩からの前方回転をさせて，教える人と子どもとの関係を維持します．セッションは1人の子どもが，ほかの子どもにゆりかご（写真1参照）の活動をさせる，介助する人間関係で終わらせます．

　小学生や中学生を週1回，一人ひとりの子どもと一緒に活動させるために連れてくるのもよいでしょう．すべてのセッションは，人間関係の活動をとおしての発達を目指すものです（写真36，37，5～46ページ参照）．

　重度の学習困難のある子どもたちは，毎日なんらかのかたちで，水泳，大き

5章 教える内容，枠組み，方法　97

36 初等教育後期の少女が，重度の学習困難のある幼児と活動しています．

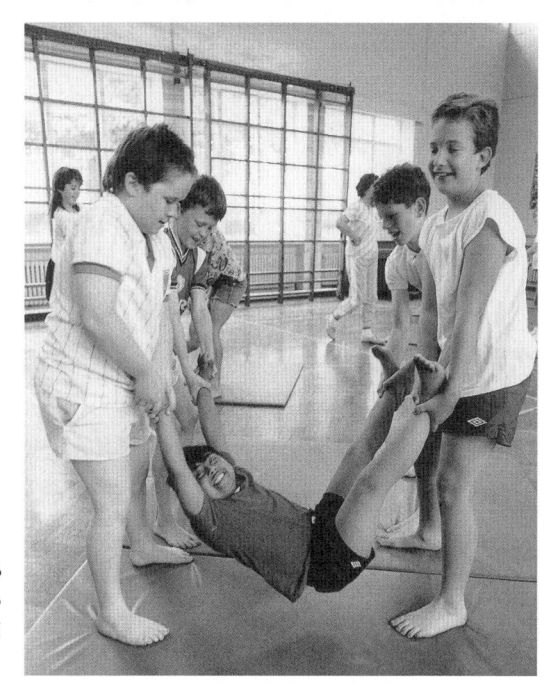

37 初等教育後期の少年たちが，重度の学習困難のある少年を揺り動かしています．

な固定遊具や小さな道具を使った活動，ムーブメント，乗馬，野外活動，ダンスや演劇などの身体的な活動をすることが望まれます．最初は30分間ですらムーブメントの活動をするのが難しいと感じる先生もいるでしょうが，身体認識や身体統御を発達させる活動から始めれば，それから遊具を用いた運動や演劇の活動に移ることができます．

重度の学習困難のある子どもたちは，物を扱う活動には慣れていますが，自分の身体に集中することができず，注意力が持続される時間も短く，興味を保たせることの難しさに先生は困惑しますが，先生が自分でしている活動の価値を認識し，熱意をもってするなら，子どもたちは次第に自分の身体や他者との関係をもつことを身につけ，注意の持続時間も延長するでしょう．

身体統御の発達や他者と関係をもつ能力は，子どもたちが参加する，そのほかの身体的教育のすべての面で役に立ちます．子どもたちの身体的活動のために，子どもたちがより自由に動けるようにTシャツと半ズボンに着替えるのは，衣服の着脱の練習にもなります．子どもたちも他の参加者たちも足の感覚をより鋭敏にするために，素足で活動させるべきです．

中等度の学習困難のある子どもたち

重度の学習困難のある子どもたちは，自分たちが特別な学校にいることを理解しておらず，普通校に入れなかったという意識はないでしょうが，中等度の学習困難のある子どもたちは，自分が劣っているという意識があり，情緒的な問題や社会的な問題をもつこともあります．子どもたちは，身体的には健常児と同じくらいの能力がありますが，自分の存在価値がとても低いと感じており，アイコンタクトをとることが難しいのも，その1つの表れと考えられます．

教える人は，子どもたちがどのような活動に安心感や成功感を感じるのかを判断しなければなりません．クラスはとても活発な場合もありますし，ひっこみ思案で，運動したり活動に参加するのを嫌がる場合もあるでしょう．教える人は身体認識を発達させるために，子どもたちのグループのそれぞれの特性に

合った適切な活動を選択しなければなりません.

　中等度の学習困難のある子どもたちは,知的活動より実践的な活動のほうが上手にできることもあるため,身体的活動をすることにより自信と自尊心が得られ,あまり多くないにしても,もっている限りのスキルを発揮して達成感を経験することはとても大切です.教える人は情緒的に傷つき,挫折を経験している子どもたちと接していることを認識しておかなければなりません.

　　　中等度の学習困難のある子どもたちのグループが,重度の学習困難のある子どもたちとパートナーを組みました.中等度の学習困難のある子どもたちは,自分たちの学校の体育の授業では劣等感を感じていましたが,重度の学習困難のある子どもたちの学校では成功し,年少の子どもたちのムーブメントのクラスで存在意義を感じることができました.その証拠に,子どもたちは重度の学習困難のある子どもたちの学校での週1回の活動に決して欠席しませんでした.

　　　中等度の学習困難のある子どもたちの学校では,7〜8歳の子どもたちのムーブメントのクラスが毎日,早朝に行われました.子どもたちは自分たちがしたいと思っていたにもにもかかわらず先生が省いてしまった活動を指摘し,それをするように主張したため,セッションは1時間に及ぶこともありました.先生はムーブメントの活動のあとのほうが,朝すぐに教室に入った場合より子どもたちがずっとよい状態で勉強に取り組めることに気づきました.子どもたちの母親の何人かがムーブメントの活動に参加したことがあり,活動を終えたあとに,2人の母親がムーブメントのクラスで子どもたちがいかに多くのことを得ているかを認識しました.

　　　ある中等度の学習困難のある子どもたちの学校で,先生は年長クラスを年少児のパートナーとして参加させることに成功しました.写真38〜40にパートナーとの活動の様子を示しました.このほかにも,一般の中学校の少年が,中等度の学習困難のある子どもたちのパートナーになったり,自尊心のとても低い子もいる中等度の学習困難のある子どもたちが,重度の学習困難のある年少

100　第3部　どのように教えるか

38 中等度の学習困難のある少女が，同じ学校の幼児を援助しています．

39 中等度の学習困難のある子どもたちの学校で，年長のパートナーが年少の少年を抱きかかえています．

5章　教える内容，枠組み，方法　101

40 中等度の学習困難のある子どもたちの学校で，年少児が年長の少女を抱えようとしています．

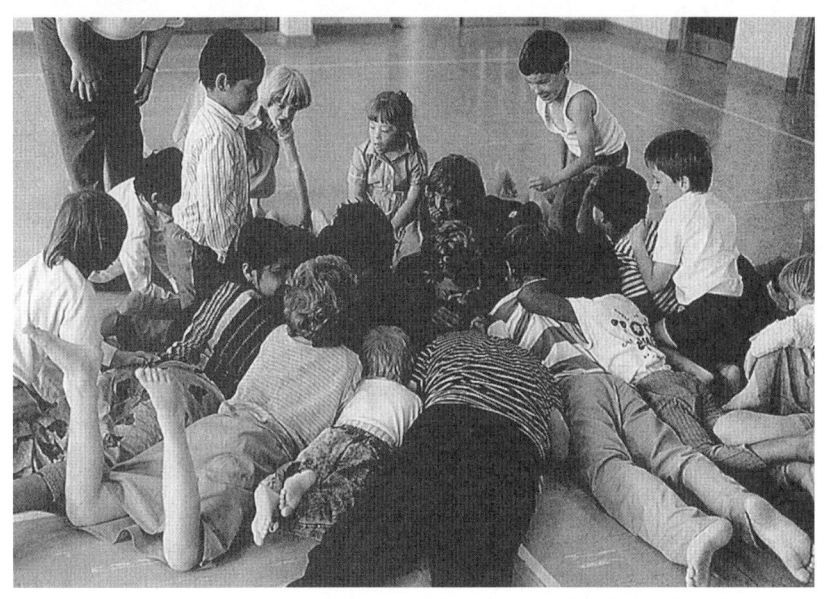

41 中等度の学習困難のある子どもたちの学校で，年長児も年少児も一緒に活動しています．

児との活動に成功したという例もあります．自信に欠けていたにもかかわらず，子どもたちは年下で，自分たちよりも能力の低い子どもたちのパートナーとしてよく努力をしました．

中等度の学習困難のある子どもたちは，毎日なんらかの身体活動を行う必要があります．子どもたちは自信をもち，注意を持続し，集中するように励まされたり，他者との人間関係における援助が必要であり，子どもたちの努力が成功につながる経験をしなければなりません．

健常児

普通校の子どもたちは，学校の体育館での活動がどのようなものであっても楽しみにしています．残念ながら体育館は各クラスに週1回か2回ずつしか割り当てられておらず，クラス担任の先生がこの機会を身体を動かすために使わないこともあります．

ムーブメントのクラスは，子どもたちのニーズに応じて始められるでしょうが，教える人にあまり自信がないなら，最初の活動は子どもたちをコントロールできることがわかっている活動にします．例えば，小学生と活動をする場合には，教える人は子どもたちを集めて（写真42参照），子どもたちの名前を1人ずつ呼び，前の週のセッションについてどのようなことを覚えているかを尋ねるのもよいでしょう．

走る

子どもたちに走り方を教えることから始めます．これは脚の駆動力，特に膝の力と肘の強い動きが必要であり，四肢はすべて前後に動きます．腕を左右に振って走る子どもがいますが，これはよくありません．教える人は子どもたちの中から大股な子ども，力強い子ども，目立つ子どもなど，いくつかの違った走り方をする子どもを選んで，ほかの子どもたちにも同じような走り方をさせてみます．教える人が「止まって」というと，子どもたちは3, 4歩で速度を落

5章 教える内容，枠組み，方法　103

42 幼児クラスで活動している新任指導者です．

43 初等教育後期の少年たちが互いに前方回転を援助しあっています．

とし，できるかぎりすぐに止まらなければなりません．これは走る速度を得させるために行うので，止めさせることは，子どもたちがスキルを上達させるための新しい指示を受け止めるためにだけ出されます．

倒れる

クラスの子どもたちが自分の身体を上手に重力に任せることができないようであれば，再び走り始める前に，倒れる動作をもっとさせることが大切です．そうすることで，子どもたちは重力に従う運動経験をすることができます．子どもたちには，倒れたときの身体の守り方を身につけるためにと説明すればよいでしょう．

中心部の認識

ここから，身体の中心部の認識をテーマにするような静かな活動に移ることができます．教える人は，子どもたちに両手の力を使って，手掌で床を打つようにして腹部でぐるぐる回転させます．次に，子どもたちは腹臥位で肘に膝を近づけ，頭を引っこめて丸くなった姿勢のままで移動します．さらに子どもたちに「尺取り虫」の動きや，そのほかの床面で移動するムーブメントへと進ませます．走っている間に，子どもたちの膝への認識が脚を上手に動かすのに不十分であると思われたら，教える人は2章で述べた立位で膝を打ったり，抱えこむような，膝の認識を養う活動をさせます．

パートナーとの活動

次の段階はパートナーとの活動であり，パートナーは事前に決めておきます．運動障害のある子どもには，有能で面倒見のよい子どもと，行動上の問題のある子どもには先生が，一緒に活動をするとよいでしょう．

パートナーとの活動は，背中合わせで一方が他方を床上で移動させたり，パートナーを転がしたり，引きずることなどから始めます．パートナーとの活動を初めてするクラスであれば，教える人がその活動のデモンストレーションをし

たり，2〜3人の子どもたちに教える人を転がらせたり，引きずらせたりします．子どもたちがパートナーとの活動に習熟してくれば，「分担する」人間関係や「対抗する」人間関係の活動へ進みます（写真25, 32, 43参照）．パートナーを抱えてゆりかごの動きをすることで課題を終わらせますが，ここまでくれば，子どもたちは目を閉じてリラックスできるはずです．セッションの終了時に，可能であれば教える人はそれぞれの子どもを抱いて支え，子どもが大人を信頼しなければできない活動である肩の上での前方回転をさせます．クラスで最も神経質で自信のない子どもは，いつも前方回転を待つ列の一番後ろに並びます．この活動は教える人がクラスのすべての子どもと接することのできるよい方法です．先に学んだ身体を丸くすることは，前方回転の間，丸くなったままでいるための助けになります．

　子どもたちが床上にいると比較的コントロールしやすいため，不慣れな場合は，腹部での回転，お尻での回転，回転して転がるなどの「接地している」か「重りをつけられている」状態で活動させるべきです．丸太のように硬い転がり方，身体を丸くした転がり方，連続的でしなやかな転がり方など，さまざまな転がり方が工夫できます．子どもたちは徐々に難しい倒れ方を身につけていきます．教える人が十分な自信をもっていれば，子どもたちにもっと自由に部屋中を動きまわるようにさせます．子どもの努力を褒めたり，次にする活動を説明するために静かにさせる際には，子どもを座らせて，話を聞かせるために子どもの名前を覚えておいて使うべきです．教える人は最小限のことばで，セッションの終わりには子どもたちが快い疲れと達成感をもてるように，最大限の身体活動をさせなければなりません．

　教育実習生にとって，それぞれの子どもたちがしているさまざまな活動の中で，ほかの子どもたちにもさせてみるとよい活動を見極めることは，特にクラスの生徒が30人を超える場合には難しいことです．大人より子どものほうがムーブメントの活動は種類も多く，豊富で，先生は練習を積むことにより，それぞれの子どものセッションに対する貢献を指し示すことができます．たとえ小さな貢献であっても，自尊心の低い子どもたちの努力を認めることは必要で

あり，同じ子どもばかりに動き方のアイデアを示させないようにすることが大切です．子どもに注目し，努力を評価していることを子どもたちに伝えるために，教える人は「〜ちゃん，よくできたね！」と褒めればよいのです．

教室での束縛から解放されて，学校の体育館のように広い空間で，多人数のクラスをコントロールするのは難しいことですが，ムーブメントのセッションは，先生にとっては子どもたちと一緒に活動を楽しめ，子どもたちの別の面を見る機会にもなります．権威のある存在に見下ろされて教えられることに慣れている子どもたちにとって，先生が床に座る場合もあるということは，衝撃的なことでしょう．子どもたちは若い新任の先生に適当に応じるかもしれませんが，先生は子どもたちの努力を認め，褒めなければならないと同時に，確固とした威厳を示さなければなりません．

プログラムの立案

ムーブメントのセッションは注意深く計画され，その活動は記録されなければなりません．経験を積んだ指導者は，その活動が適切であったかどうかを判断したり，状況に合わせて調整することができます．動きの観察の上手な指導者は，計画に柔軟に対応でき，子どもたちが発見した活動を発展させることもできます．教える人は十分に集中し，迅速に基本テーマの最もよいバリエーションを選択する判断をしなければなりません．その難しさの1つは，それぞれの活動について，どの程度の時間，興味を持続させればよいかということです．子どもたちにとって価値のある経験を得ているかぎりにおいてのみ，その活動には意義があります．最初のうちは，子どもたちは長い時間興味を持続できませんが，繰りかえすことで集中時間は増してきます．数少ない活動がどれだけ徹底的に探究されたかによって，よい課題であったかどうかは示されます．このような活動を始めた当初は，子どもたちは教える人に従って活動を止めたり，次の指示を待つため，教える人は表面的に多くのことを短時間でさせようとしがちになります．自信と創造性があり，活動的な子どもたちは，さまざま

な可能性を探究し，指導者の予期しなかった生き生きした活動を自発的に増やし，クラスのレパートリーを加えていきます．

　教える人はクラスの様子を読みとりながら，いつ，ある活動をすればよいかを見極め，激しい活動と静かな活動，自由な流れと規制された流れ，強い動きとしなやかな動き，速い動きとゆっくりした動きなどのバランスをとらなければなりません．また，クラスの子どもたちがイライラしたり，興奮しすぎたりすることのないように，子どもたち自身が気づく前に，観察することで，反対のタイプの活動が必要であることを予期しなければなりません．このような落ち着きのなさや興奮は，クラスの指標となる子どもの行動によって知ることができます．教える人が十分に観察することで，子どもが退屈したり，関心をなくしたり，抑制がきかなくなることがなくなり，すべての活動が子どもたちのニーズを満たすものになります．

　教えることに慣れていない場合には，すでに子どもたちとよい関係が築かれ，柔軟に教えることのできる人以上に，事前にしっかりした枠組みを作っておかなければなりません．創造的，主体的に動くための，より大きな自由を子どもたちに与えるかどうかの判断は，教える人の自信と能力次第ということです．

　ある活動について，なぜ教えるかを子どもたちに説明するのは適切なやり方であり，5，6歳の子どもたちであっても，その情報は役にたちます．

　子どもたちが発見したことを取り入れて発展させることはしなくても，とても効果的にムーブメントの活動を進める人もいます．この人たちは，準備した活動を，毎週繰り返すほうが安心でき，徐々に教える人が新しい活動に挑戦する準備ができれば新しい活動を導入し，活動の種類を広げます．教える人によっては，注意深く計画された一連の活動をすることに安心を感じるかもしれません．教える人それぞれが自分で自信をもってできる教え方を選択すればよいでしょう．教える人がセッションに入れるのを忘れた活動を子どもたちが要求することもよくあります．

　セッションの終わりに，何が最も楽しかったかを子どもたちに聞くのは，興味深いものです．

「小包み」と「監房」は特に人気があり，「強くなれる」ようなうまくいった活動だという子どもたちもいます．

教え方のポイント

1. 教える際は，前から教えるのではなく，子どもたちの間を動くようにします．次の指示は，体育館の後方や横から，または中央で伝えます．こうすることにより，教える人は上手にできている子どもたちの肩をたたいて褒める機会が得られます．

2. 子どもたちが部屋の中を走る場合，どちらの方向に走るかを指示しないで「どっちに走る？」と聞いて，子どもたちに決めさせます．多くの子どもたちは，初めてのセッションであっても左回りに走るでしょう．

3. 「よーい どん」などのことばによって，いつから活動を始めるかを指示するのではなく，子どもたちに，いつ始めるかを決めさせるほうがよいでしょう．教える人にとっては活動を始めるように指示するほうが楽ですが，辛抱強く待てば，子どもたちはいつ始めるかが自分たち次第であることに気づきます．教える人は「準備ができたら始めなさい」と言えばよいのです．

4. ムーブメントのクラスの始まりと終わりは，活動の最も大切な部分です．教室に靴を置いてきた何人かの子どもたちは，隣接している教室から体育館へ転がりながら入ってくるところから始まったことがありました．重度の学習困難のある子どもたちは，お尻で，またパートナーを引きずって教室に戻ることができます（もっとも，廊下が清潔でなければなりませんが）．

5. 体育館に入るとすぐに，みんなの準備ができるまで先週した活動を子どもたちにさせてみたり，みんなを呼び集めて先週の活動で何を覚えているかを聞くのもよいでしょう．

パートナーとの活動

　子どもたちがパートナーと活動する場合には，子どもたちが互いに話をするため騒々しくなります．

　合図をすることで静まるのなら，教える人はこれを大目にみればよいでしょうし，合図には手を叩いたり，低く，よく通る声で「みんな　座って」とか「静かにしましょう」と声をかければよいのです．子どもたちと同じ高さの声では全体の音量を増すだけになるため，教える人は低い声がよいでしょう．

　年齢に差がある2つのクラスが同時に活動すれば，音量は一層増します．多人数のクラスの場合には，騒々しさに耐えられ，多人数をコントロールできなければなりません．

グループでの活動

　子どもたちがグループで上手に活動できれば，進歩の現れです．簡単な活動の1つに，2人ずつ3組が1つの輪になって手をつなぎ，手をつないだまま互いの腕の下をくぐったり，上をまたいだりして，自分たちの身体で「結び目」をつくる活動があります（写真44）．しっかりした結び目ができれば，グループがみんなで同じ方向に移動したり，一緒に座ったり，立ち上がったり，手を離さないで結び目をほどいたりもできます．

　7歳の少年が最初に考え出したグループの活動は，子どもが這って通れるようなトンネルをつくることでした（写真11）．四つ這いになって何人かの子どもが長い列をつくり，教師やほかの子どもを背中に乗せたり，運んだり（写真49），4人の年長児が1人の子どもを揺らすこともできます（写真37）．また，「人の山」は，特に肢体不自由児が喜びます．

安心感

　この章のはじめにすでに触れましたが，安心感には，グループの他者に対して，教える人に対して，床面に対して，そして身体の中心から生じたり，「自分の居場所」をもつことによって得られる安心感の4種類があります．

44 他校を訪問した小学校の子どもたちと「結び目」をつくっています．

45 「友だちの世話をする」「介助しあう」人間関係の活動です．

思春期の子どもたちは，自分1人よりパートナーと一緒のほうが安心できます．幼い子どもたちは，はじめのうちは上手にパートナーと活動できず，パートナーと協調することに努力をしなければなりませんが，パートナーと定期的に活動することで自信が得られます．9～10歳のジュニアクラスの生徒たちが，週1回，社会的に恵まれない地域の6歳の子どもたちをパートナーとして活動しました．また，さまざまな文化的背景のある子どもたちの学校で，初対面の年上の生徒たちとも，子どもたちは自信をもって一緒に活動することができました．

クラスでの授業とムーブメント

幼児は，特に年長児のクラスと一緒に取りくんだムーブメントの活動を作文や絵に描いて楽しみます．子どもたちの絵に，人間の身体がどのように描かれるか，脚がまっすぐな棒のように描かれているか，膝が描かれ，そこで脚が曲がっているか，などに注目してみるのは興味深いものです．重度の学習困難のある子どもたちの学校の先生は，ある少女がそれまでは頭と体幹を表す円に脚を直接くっつけて描いていたのに，あるとき体幹を別に描いていることに気づき，少女が自分には身体の中心が存在するという認識を獲得した結果であると考えました．

床面に沿って移動するさまざまな方法は，動物の運動にたとえられ，手足がなく，もぞもぞ動くことしかできない生物から始めて，次に手足が発達して這ったり，飛んだり，跳ねたりできる動物へと変化する進化についての授業を考案することができます．

「私自身」や「私」についても，身体認識の発達と関連づけられます．ムーブメントのセッションから「這う」「腹ばいになって身体を引きずる」「滑る」「転がる」「倒れる」「開く」「閉じる」などの多くの動作を表すことばが学習され，ことばが身体運動経験と結びつくことで，より意味深いものになります．

ムーブメントが学校で十分に教えられれば，子どもたちのクラスでのふるまいにも影響を及ぼします．

46 コミュニケーションと協調性に問題のある少年は，援助されてジャンプをします．

47 他のクラスを訪問した9歳児が，4歳児のために「トンネル」をつくっています．

学校で，年長児たちと年少児たちがパートナーになって一緒に活動すれば，両方のグループにとって互いに上手に接する援助になり，年少児が年長児のような行動をとるようにもなります（写真44, 47）．ムーブメントの効果は，授業などの組織化された側面だけでなく，休み時間にも表れます．自尊心や他の子どもに対する安心感，他者との人間関係をたもつスキルの獲得などは，学校生活全体によい効果をもたらすことになります．

第 4 部 | **特別な課題**

6 章

重度・重複の学習困難のある子どもたちと成人のためのムーブメント

　重度の重複した学習困難のある人（Profound and Multiple Learning Difficulties, 以下 PMLD と略します）たちの先生や理学療法士は，多くの難しい問題と挑戦に直面しています．PMLD の子どもたちの数は増加してきており，障害のある人たちのための病院や施設で PMLD の成人たちを援助する方法についての需要も高くなっています．ムーブメントは成人でも子どもでも基本的には1対1で行われるべきですが，成人の場合，体重が重く，動かすことが難しいため，1人の成人に対して2人の人が必要になります．PMLD の子どもたちや成人たちと活動するには身体的な努力が必要で，時間もかかります．ムーブメントの経験は成人でも子どもでも同様なので，成人への方法もこの章に含めました．

PMLD についての説明

　PMLD の人たちは，重度の身体障害と重い学習困難があります．中には生後数カ月の乳児程度の機能しかない人もいます．病院や施設に入っている年長の人たちは，収容施設の生活に慣らされ，機能が低下し，孤立してしまい，コミュニケーションをとるのにも難しさがある場合もあります．成人は，外部からの刺激に欠ける結果，自傷行為や脅迫観念を伴う行為があるかもしれません．PMLD の人たちの障害の幅は広く，さまざまな程度の痙性があり，おのおのの

人たちに個別のニーズがあるために，すべての人に合うプログラムを考えるのは難しいことです．痙性は1カ所またはそれ以上の手足や体幹に生じているかもしれません．屈筋が伸筋より強く働くと，手首や肘は曲がり，腿の内転筋が外転筋より強く働くとハサミ状の姿勢になり，伸展反射が強く出現すると身体は弓状になります．また，筋緊張が低下して弛緩している人もいれば，自分の動きをコントロールできない人もいます．目以外の自発的な動きがほとんどできないか，それすらもできない人もいるでしょう．話しことばも発することができず，ことばを理解することも難しいかもしれませんが，介助者の声の調子に反応できるかもしれません．彼らは視覚障害があったり，まったく目が見えないかもしれません．また聴覚障害があったり，聴力を失っている場合もあります．アイコンタクトを避けることもあるでしょう．座位や寝返りができないかもしれません．座ることができる人もいれば，支えられれば立ったり，歩いたりできる人もいます．身体障害ではなく，動くことはできるけれども，情緒や行動上の顕著な問題のある人が1人か2人いるグループの場合には，PMLDのために働く人の仕事はもっと難しくなるでしょう．これらの人たちは，破壊的でグループのほかの人たちに対して攻撃的になるかもしれません．

目　的

- 子どもたちや成人が，可能な限りの人間関係を保つための援助をします．
- 身体認識と身体操作や心地よい感覚を促す身体的なさまざまな感覚を養います．
- 子どもたちや成人の能力を可能な限り発達させることを援助する，あらゆる種類の適切な刺激を提供します．
- 可能な場合には，主体性や主導性を促します．
- 重度の障害のある人たちの生活の質を改善します．

対人的, 情緒的ニーズ

支えることと抱きかかえること

　すべての人が安心して他者との関係をもつ必要がありますが, 重度の障害のある人はこのような経験をする能力がとても限られています. 先生, 介助者, 保護者, 訓練士は, 支えることや抱きかかえる活動により, 安心感と自信を得させることができます. PMLDの人たちの体重を支えるということは, PMLDの人たちが身体を委ね, 支えてくれる人や彼ら自身に対する信頼を表すことになるため, それがどのような方法であっても意味があります. 全体重を支えることもできますし, 部分的に支えることもできます.

〈ゆりかご〉

　支え, 抱きかかえることの1つにゆりかごがあります. 介助者が自分の身体を「いす」にして障害のある人の後ろに座り, 歌ったり, ハミングをしながら左右にやさしく揺らします (写真48と1章 参照). 子どもたちをほとんど逆さまになるくらいまで前後に揺らすこともでき, 子どもたちはこの活動をとても楽しみます. 思春期の子どもたちの場合には, 支えるパートナーが特に力強くなければなりません. 自由で流れるようなゆりかごの動きは痙性を減弱させ, 支える人と支えられる人との人間関係をつくりだし, 障害のある人たちの次の活動経験の準備になります. ゆりかごの動きは, 言語訓練の準備として用いることもできます.

〈支えること〉

　介助者は背臥位になり, 障害のある人を身体の上に乗せて支えます (写真6参照). 障害のある人は, 腕と脚を介助者の両側に広げて腹臥位になります. リラックスするのに最もよい姿勢であり, 介助者は障害のある人を抱いたまま, 左右に揺らしてもかまいません. 介助者はよだれを垂らされるかもしれませんが, アイコンタクトを得るためには, よい姿勢です.

　介助者が腹臥位になり, 障害のある人は介助者の背中の上で腹臥位になりま

48 重度の学習困難のある子どもたちの学校で，上級生が重度重複障害の少女を抱え，支えています．

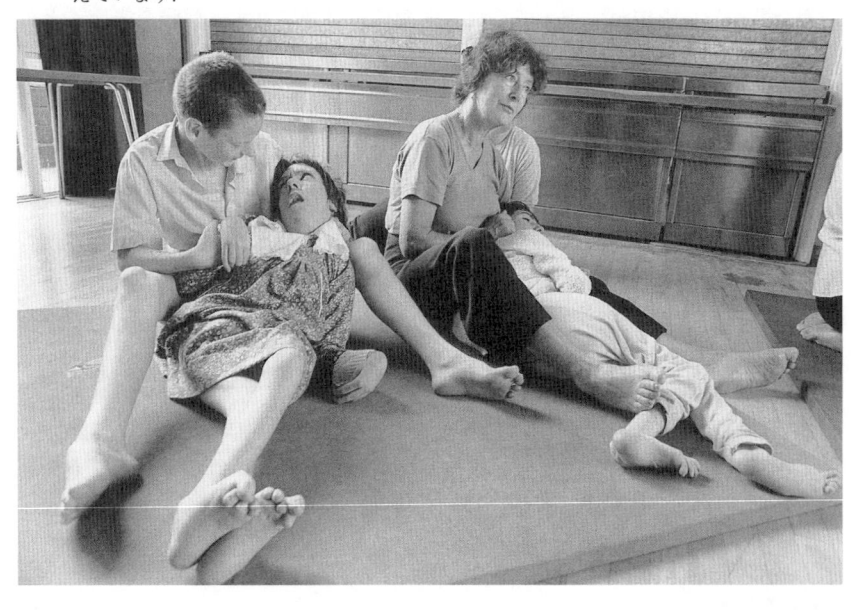

す．緊張していたり，痙直した腕や脚でなければ，手足を介助者の両側に垂らすようにします．丸くなり，屈曲した姿勢になっている大人の身体を伸展させるのは難しいですが，ゆっくりやればできます．施設で生活していて，身体が硬くなってしまっている成人にとっては，まったく新しい経験でしょうが，徐々に力を抜いていけるでしょう．介助者は自分の背中を揺らしたり，丸めたりします．これらの活動の目的は，リラックスさせ，障害のある人が他者の身体にもたれて，自分の身体を感じ，基本的なコミュニケーションの形を確立させることにあり，身体の温かさをしっかり感じることもできます．身体をとおして交わされる体温は，障害のある人をリラックスさせます．介助者の身体の前面のほうがリラックスしやすい場合もあるでしょうし，背面のほうがよい場合もあります．

　障害のある人は他者の身体にもたれて，自分の身体を感じることが必要です．他者と接触したり，床やそのほかの支持面に臥位になることで経験できる，自分の身体があるということを，障害のある人に提供するための多くの活動があります．大切なことは，頭と手足をつなぐ身体の中心としての体幹や全身を経験することです．風疹にかかったため，ほとんど視力や聴力を失った感覚障害のある人は，特にこの種の感覚的な刺激や情報を必要としています．

〈弾むこと〉

　もう1つの支える方法は，介助者が脚を投げだして座り，障害のある人が腹臥位で交差して腹部を介助者の脚に乗せるものです．介助者はやさしく弾ませたり，揺らしたりします．やさしく弾ませたり，揺らしたりすることは，絶えず奇声を発している人を沈静させる効果もあります．この姿勢で障害のある人の脊柱を上下に軽くたたくこともできます．ある先生は，身体が硬く，座位をとれない痙性麻痺の少年をゆっくりリラックスさせ，食事ができる程度に傾いた座位の姿勢をとれるようにするために，食事前の15分間，いすに座り，子どもを先生の膝の上に交差させて背臥位に抱いて，この弾ませるムーブメントを取り入れました．

　1章で述べたように，障害のある人をマットの上に背臥位にさせて，介助者

はその人の傍に膝立ちになり，その人を介助者の方に引き寄せ，腹部を介助者の腿につけます．それから介助者はその人のお尻と肩を押して，マットの上に背中から落ちるままにさせます．この重力に引かれるまま落下する活動は，障害のある人をリラックスさせます．背中から，重みで落ちることを強調した，この倒れるという活動経験は，数回繰りかえしてもよいでしょう．

〈水平の揺れ〉

体重が自由に流れるような感覚は，水平に揺らすともっと高まります．障害のある人を介助者の方へ背臥位から腹臥位になるまで引き寄せ，そして背中からもとの方向へ倒れさせ，次には反対側にやさしく押して，再び背中から倒れさせます．この活動は，首の緊張を軽減させ，全身をリラックスさせる効果があります．

〈転がす〉

転がる活動の中で，障害のある人に主導性をもたせることができるものです．子どもの場合には背臥位にさせ，介助者は子どもの右膝を子どもの身体に交差させて曲げると，子どもを簡単に左側へ転がすことができます．また，右腕を身体に交差させて，やさしく引くことでも転がすことができ，介助者は床に臥位になって，床の高さでのアイコンタクトがとれます．子どもの顔を介助者の方に向けさせなければならないかもしれませんが，子どもから自発的に，励ましのことばをかけてくれる介助者の方に向けてくることもあるでしょう．

〈滑ること〉

床に沿って滑ることは，自由に流れるような楽しい経験であり，成人の場合には，毛布の上に背臥位にしてさせるとよいでしょう（写真10参照）．やせている子どもの場合には，羊の皮のひざ掛けの上でできます．

〈振り動かす〉

首のコントロールのできているPMLDの成人たちは，4人の介助者に手足を持ってもらえば振り動かすことができ，自由に流れるようなムーブメントと4人の注目を楽しめ，緊張の強い成人でも緊張が緩む人もいます．身体に力が入らず，筋肉をコントロールできない子どもたちや痙性麻痺の強い子どもは，毛

布に乗せて振り動かし，成人の場合は，四つ這いになった介助者の背中の上でやさしく振り動かすことができます（写真49）．

〈シーソー〉

シーソーは，介助者が後ろに座って障害のある人を支え，もう1人が前に座って障害のある人の両手を握り，介助者たちは障害のある人の身体上部を後ろや前に倒すことができます．アイコンタクトを取ったり，歌をうたいながらこの活動をすることができます．子どもと活動する場合には，介助者は前に座る1人だけでよいのです．

楽しさは，体重の自由に流れるようなムーブメントから生じるもので，ゆりかご，転がす，滑らせる，弾ませる，振り動かす，揺れるなどの活動によって経験できます．自由に流れるような全身のムーブメントは，調和した状態をつくりだし，PMLDの人たちがリラックスし，他者を信頼し，コミュニケーションを取り始める助けになります．

人間関係の活動におけるさまざまな段階

PMLDの人は，はじめは受身的にさまざまな活動経験を受け入れるだけであっても，次第に障害のある人がどのような活動を好み，楽しんでいるかということに介助者が気づかされるような，なんらかのサインを示したり，もう一度同じ活動を繰りかえしたりということを表現してくるかもしれません．

障害のある人がムーブメントの活動経験に興味をもち，熱中できることに気づくと，脅迫観念を伴うような行為は消失してきます．障害のある人が活動の主導性をもち，介助者がその合図に応えて活動を利用し，障害のある人のムーブメントの活動の種類を増やしていくようにしなければなりません．

障害のある人は，シーソーのムーブメントで介助者を引っぱったり，介助者や他の人をゆりかごになって揺らしたりするような，さまざまな方法で他者の世話をすることができます．PMLDの人たちにとって，少しでも誰かの世話をする機会があることは大切です．

124   第4部　特別な課題

49 重度の学習困難のある子どもたちの学校で，上級生たちが重度重複障害の少女を支え，やさしく揺らしています．

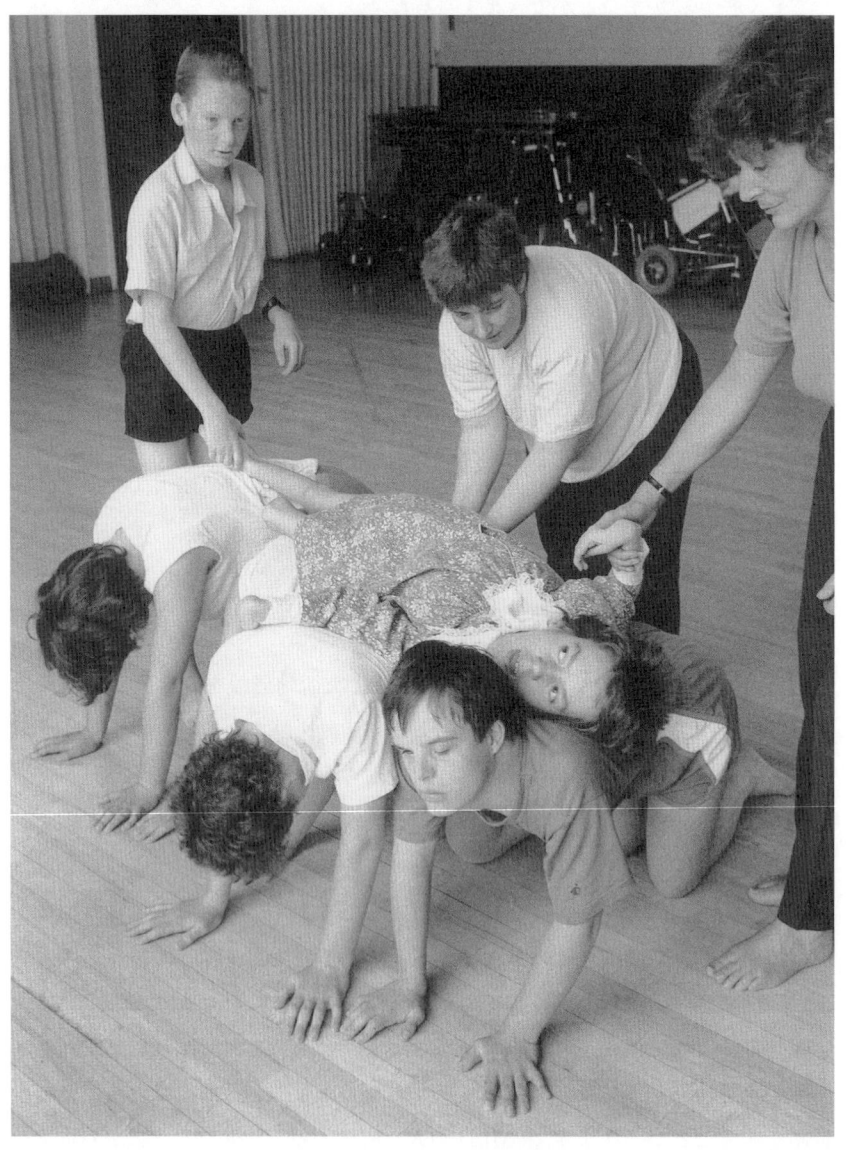

介助者の役割

コミュニケーションのスキル

　障害のある人に主体的に協力をしてもらい，彼らのムーブメントの活動の種類や活動経験を広げるために，介助者はコミュニケーションのスキルを養わなければなりません．PMLDの人たちは，顔の表情，声そして動きで反応を示すため，アイコンタクトと顔の表情は特に大切です．介助者は可能な限り障害のある人と同じ目の高さや介助者が見下ろせる低い位置にいるようにします．

声

　声はコミュニケーションの方法として特に大切で，ハミングや歌うこと，擬似音などはすべてムーブメントの励ましになります．声は低く，穏やかに励ますようなものであるべきですが，活動をさらに面白く，楽しいものにすることもできます．声はムーブメントに合わせてリズミカルに使われるものであり，介助者はそれぞれの人に合ったリズムを見つける感性が要求されます．音楽に合わせてムーブメントをするのは，リズムを押しつけることになるため，音楽より声のほうがムーブメントの動きに伴わせるには適しています．障害のある人が活動をしている間に声を発することがあるかもしれません．介助者はその音をまねたり，会話をするように声で応答すべきですし，PMLDの人が歌を一緒に歌おうとすることもあるでしょう．

　介助者は，まず障害のある人が好む活動から始め，障害のある人にとって必要であっても，最初は拒否をする活動に徐々に導いていけばよいのです．活動はムーブメントの運動経験の幅を広げることが目的です．そのため，介助者は確固とした態度をとりながら，認め，励ましていかなければなりません．PMLDの人たちの中には，他者との接触を拒否する人もいるでしょうし，またわずかに攻撃的になる人もいます．介助者ははじめから苦労するかもしれませ

んが，強制よりもむしろ遊びとしての性格を強調した穏やかな取り組みとユーモアのセンスがとても役に立ちます．ときには，障害のある人が，ほかの人が楽しんでいるのを見て，そこに加わろうとすることもあります．遊ぶことや人と触れあいを楽しむことに不慣れな人もいますが，活動が提供する感覚を楽しみ，恐怖を感じなくなるにつれて抵抗は少なくなっていきます．

　介助者は自分の身体とエネルギーを，教える手段として惜しみなく使わなくてはなりません．分担する活動の経験は互いにやりがいを感じさせますが，特に身体の大きな PMLD の人と一緒に行う場合は，介助者の負担が大きくなります．何人かがチームを組んで，障害のある人と一緒に週1回のムーブメントの活動をすれば，より楽しく，適切なよい人間関係をつくりあげ，必要なムーブメントの活動経験をすることができます．

身体的ニーズ

　ムーブメントの活動経験は，PMLD の人たちの社会的，情緒的な必要性を満たすと同時に，緊張を減らし，自己認識の発達を援助するという身体的な必要性も満たされます．緊張は，やさしく撫でることやさまざまな自由に流れるムーブメントの経験によって減弱させることができます．

　PMLD の人が，ごくわずかな力しかもっていないとしても，それを得させる必要のある人もあり，重力に抗する筋肉の緊張度を可能なかぎり獲得させなければなりません．背中と首の筋肉の重要性は2章で述べました．PMLD の人は，1日のうちのある時間は臥位であっても，ウェッジ[*1]に支えられて斜めに寄りかかる姿勢であっても，腹臥位にさせたほうがよいでしょう．後者の姿勢は，両手を自由にすることができ，また両方の姿勢は身体の一側の痙性が強くなっている人にとって大切な身体の対象性を経験させることになります．PMLD の人は1日のうちの何時間かを，なにかを支えにして座るか，背臥位で

[*1] 訳者注：くさび型（V字形）のマット（三角マット）．

過ごすことが多く,特に何年も背臥位ですごしてきた重度の障害のある人は,新しい姿勢を嫌がるでしょう.座位をとるためには,背中の筋肉を強くすることが必要であり,また立位で体重を支えるためには脚を鍛えなければなりません.適切な起立訓練台は,安定した姿勢で立ち,脚の力を獲得させる助けになり,また座位と同じように両手で自由に物を使って遊ぶこともできます.

　PMLDの人を四つ這いの姿勢にさせるためには,フォームシリンダー[*2]を腹部の下に置き,体重を両手と両膝で支えるようにさせるとよいでしょう.腹臥位になっている障害のある子どもの上に介助者がまたがって,四つ這いになるように引き上げることもできます.介助者は子どものニーズに応じて,子どもが小さければ介助者の片手で子どもの体幹を下から支え,もう一方の手で子どもの手足を前方に動かして四つ這いの動きを経験させることもできます.

移　動

　重度の障害のある人は,できるだけ自分で動くように助けられるとよいでしょう.転がることや這うこと,四つ這いになることで自分で動く能力を獲得し,場合によって最終的には立位での歩行にまで至ることもあります.理学療法士は適切な座位や立位についてのアドバイスをしてくれます.一人ひとりがもつ問題を,さまざまな方法で解決することが必要です.重度の障害のある人は,1日のうちで,やさしく,さまざまな姿勢に動かされる必要があり,長時間一定の姿勢のままにしておかれるべきではありません.姿勢を変えるために持ち上げたり,介助する方法については,はじめに理学療法士の指導を受けるとよいでしょう.

水中でのムーブメント

　水の中では障害のある人も自由に動くことができます.水に入ることで運動の幅が広がり,リラックスし,水からの刺激を受けられます.PMLDの人でも

[*2] 訳者注:訓練用の円柱形ロール.

水中で自由に動くことができる人がいます．水は特に風疹の後遺症や重度の視覚障害や聴覚障害の人に役に立ちます．重度の障害がある人や身体の一側の痙性の強い人は，水の中でバランスをとることが難しいため，浮き輪のようなもので補助されるとよいでしょう．PMLDの人は，一人ひとりに介助が必要です．中学生は指導者のもとで，障害のある人と一緒に活動することができます．水温は身体障害のある人のためには少し高くしておくとよいでしょう．水治療法のためのプールは温かく，浅いのですが，狭すぎてわずかな人数しか活動できないものも多くあります．

摂食と排泄

PMLDの人たちにとって摂食と排泄は1日のうちの大きな割合を占め，すべての人に個別的な注意をはらったり，先に述べたような活動をする時間をつくりだすことが難しいかもしれません．話すことと食べることは同じ筋肉を使い，咀嚼を助ける必要がある子どもたちもおり，頬のマッサージは役に立ちます．言語訓練士と協力するとよいでしょう．

プログラムの立案

1対1でムーブメントの活動を週1回できれば，PMLDの人にとって大きな助けになります．水の中での活動も，少なくても週1回できれば理想的です．教室でも理学療法士の援助によって，先生と補助教員が個別的に多くのムーブメントの活動をすることができます．重度の障害のある子どもたちは，1日中教室にいることも多く，体育館で活動的に過ごしたり，いろいろな人たちと一緒になにかをするのはとても有意義なことです．1対1で活動する相手を見つける方法の1つは，同じ学校の年長の重い学習困難のある子どもたちの協力を得ることです．子どもたちに簡単なムーブメントの活動をどのように行うかを指導しながら活動することができます（写真6, 48参照）．

身体を動かす能力をもちつづけ，他者との人間関係を受け入れ，つくりあげ

ていくことを教えるためには，子どもたちが幼いうちからムーブメントのプログラムを始めるほうがよいでしょう．保護者がムーブメントの活動に参加し，先生と理学療法士と保護者が子どもたちのために一緒に活動することは，PMLD の子どもたちの発達にとても役に立ちます．注意深く計画された活動を，学校でも，家庭でも，できるかぎり早期から始めるべきです．

　PMLD の成人たちの病院や施設では状況によっては難しさがあるでしょうが，理学療法士が介助者の参加を得てムーブメントの活動を始めた施設では，成人たちの行動に改善がみられました．

7章

心理的な問題のある子どもたちのためのムーブメント

　この章では，人間関係をもつことが難しい，心理的障害のある子どもたちを援助する活動について述べましょう．この子どもたちは人間関係を避けるので，私たちにとっては特別な挑戦といえるでしょう．子どもたちは，わたしたちにとって学びがいがあると同時に，大変な努力が要求されます．このような子どもたちは個別的なニーズをもっており，以下にどのような方法で人間関係を発達させるかを例示しました．

自閉的傾向のある子どもたち

　この子どもたちには，1対1を基本にした人間関係をもつことで援助できます．

　　ステファンは年齢にしては長身で，青白く，繊細な表情をしていました．彼は重度の学習困難のある子どもたちのための彼の学校のムーブメントの活動に，中等度の学習困難のある子どもたちの学校からきた年長児の援助で参加していました．ステファンは，3，4年間ムーブメントの活動を続けました．この間に彼はすべての活動に参加する自信を獲得し，自ら進んで年長児に援助されることを受け入れるようになりました．彼は，1章で述べたような，簡単にでき，押しつけではないパートナーとの経験によって進歩をみせ，他者への信頼

と自分自身への信頼の両方を徐々に学習していきました．

　成人トレーニングセンターのある若い女性は，最初はパートナーとの活動に抵抗を示していましたが，徐々に自信を得て，身体的接触への強い抵抗をなくし，パートナーとの関係をもちはじめました．彼女はグループのほかのメンバーが楽しんでいる様子や参加している姿をみることで，1年後には人間関係をもつことを楽しめるようになりました．

　大学院の学生が，1週に1回，6週間，自閉的傾向のある幼い男児の研究をするために過ごしました．多くの同じような子どもたちと同様に，その子は音楽とレコードプレイヤーを見ることが好きでした．彼はほかの子どもたちとの接触を避け，いつも教室の隅にいました．少年はいつもその学生を避け，走り去ってしまいました．学生の研究が終わりかけのころ，私は彼女からの求めに応じて体育館に行きました．そこで私は少年の足首をもって床をすべらせ，自由な流れの動きを楽しませました．今までに経験したことのない状況で，少年は自分より高い位置にいる他人を見て驚き，私とアイコンタクトをとることができました．それから私は床で注意深くシーソーやゆりかごの活動を少年と一緒に行い，四つ這いになった私の背中に少年をまたがせるように言いました．この姿勢で少年を前後にやさしく揺すり，少年が大丈夫だと確信がもてると，彼を馬乗りにさせたまま注意深く前進しました．一緒に活動した10分が終わると，私は両脚の間に彼をもたれかからせて座りました．少年は私を信頼して，リラックスしていました．それから学生に，私が少年とした一連の同じ活動をするように伝えました．学生と少年が立ち上がって体育館から出ていくとき，少年は両腕をあげて彼女に抱きあげてほしいと動作で示しました．なかなか心を開いてくれないという不満，イライラの続いた数週間のあと，やっと心が通ったという喜びに，学生はとても感動していました．

多動な子どもたち

多動な子どもたちとかかわるためのさまざまな方法があります．

ノルウェーの病院で，ある理学療法士は，とても騒々しくエネルギッシュな少年の上に乗って彼を押さえつけ，自分の身体を使って少年を転がしました．これは即座に効果があり，それ以降，少年は叫びながら体育館を走りまわることをしなくなりました．同じ病院で，話せず，うなり声をあげるだけで，背臥位で床に寝転がり，腕と脚を空間でバタバタ振ることで，ぶら下げて揺らされたいと要求する少年には，ある学生が，彼を背中で床を掃くような揺らし方で，地面とつながる感覚をもつことのできる自由な流れの経験をさせました．

　体育館で，私は重症児のグループと活動しました．休むことなく体育館を走り回っている少年を私はつかまえ，彼の腰に手を回して，私と反対側を向くように彼を抱き，彼を揺らし，そして離しました．彼は走り続けたので，私は彼を再びつかまえ，同じように揺らすことを3，4回繰り返しましたが，その次には彼をつかまえることに失敗しました．すると彼は私の肩をトントンとたたいて，揺らしてほしいと伝えてきました．彼にとって自由な流れの揺れそのものがとても楽しいものであったため，揺らすときにきつく抱きしめられることは気にならなかったようです．

　2度だけですが，逃げ去り，追われることに子どもたちの目的があったため，先生に子どもを放さないで抱いているように伝えたことがありました．1度目は，普通学校の特別支援学級にいる1人の多動な子どもで，その少年に対処できると思われるムーブメントの経験が豊かな先生についてもらいました．彼は一度は逃げることに成功しましたが，私は彼をつかまえ，彼のパートナーであるその先生に彼を戻しました．その先生は，人間関係の活動を楽しく，価値のあるものとして彼に教えることができ，少年は走り去ることより，先生と一緒にいることに多くの楽しみを見いだしました．

　2度目は，8歳のとても活動的な少年で，彼に対処できない女性の先生とパートナーを組んでいました．私は彼女自身の身体で「家」をつくり，しっかりと子どもをつかまえて彼に彼のクラスのムーブメントの活動を見せるように指導しました．活動が終わってほかの子どもたちが帰ったあと，体育館の中央でその少年は今見ていた活動を自分でしていました．これはブリスベンのティー

チャーズ・センターでのことでした．午前のグループの先生たちのうち何人かが，その日の午後の2回目の活動でその少年の様子を見るために戻ってきました．驚いたことに，彼はほかの子どもたちと一緒に活動をしていたのです．

とても多動な少年が，1週に1回，8週間の体育大学の活動で，重度の学習困難のある子どもたちのグループに参加していました．私たちは，この少年になんの進歩も得させることができませんでした．彼は物から物へ渡り歩くか，お気に入りの暗い用具棚のそばで1人で歌を口ずさんでいました．彼は話しませんが，彼が感じていることを表現する歌を選んで歌っているようでした．この少年のパートナーは，その人自身も子どものある男性でしたが，この少年とかかわることに難しさを感じていました．最初の活動で，少年は女性の学生と一緒にマット上で活動しました．彼女は身体活動によって少年と心を通わせることができ，少年も彼女の上にあがったり，くぐったり，転がったり，回転したりして，今までになく1つの活動をずっと楽しんで，続けていました．活動の終わりに，男性のパートナーが両手足で「家」をつくると，少年は這ってそこに入っていきました．これがこのグループの最後の活動であったため，この進歩をさらに積み上げることができないのはとても残念でした．少年の両親は，彼らの息子が体育大学での活動のあとの数日間だけは，ぐっすりと眠ったと言っていました．後に彼が成長し，よりコントロールが難しくなったため，彼の両親は，彼を病院に入れなければなりませんでした．

人間関係を避ける子どもたち

トロントで重度の学習困難のある子どもたちと活動したとき，ある少女が誰にも触れさせないことを聞きました．これは珍しいケースではありません．それでも，他者との接触を避けるのを忘れさせ，楽しんでいるほかの子どもたちに加わって，活動に参加させることはできます．この少女は，彼女のクラスの10代の子どもたちが，ほかの子どもたちの背中に臥位になって，やさしく揺らされるのを楽しんでいる様子を見て，彼女も四つ這いで横に並んだ3人の人の背中に上がってみました．（写真17参照）．彼らは彼らの上に腹臥位になったこの少女をやさしく揺らしました．一番驚いたのは，彼女をよく知っているス

タッフたちでした.

　もう1人,誰もそばに寄せつけず,ののしるのと暴言を吐くだけであった重度の学習困難の10代の少女がいました.この少女がトランペットで飛び跳ねたがったので,彼女と顔を突き合わせておどかさないように,学生が1人ずつ両側に立って彼女を助けたところ,彼女は2人の学生の援助を受け入れました.この少女は,ブランコに乗っている彼女を誰かが押すという別の自由な流れの経験も受け入れることができました.彼女のクラスの先生はとてもやさしく,彼女はその先生の肩の上で前方回転をすることも学びました.当初,「私はあなたを傷つけるわ」「私はとても重すぎるわ」と言って拒否していたこの少女は,徐々にクラスのほかの子どもたちの行動を模倣し,前方回転も上手にできるようになりました.彼女は援助されることや,先生に抱かれることを怖がらなくなり,その後,成人の訓練センターでのすべてのムーブメントと身体教育の活動に参加しました.

　子どもたちは,互いを観察することにより多くのことを学べるため,ほかの子どもたちと一緒になにかをすることに抵抗のある子どもたちが,そうでない子どもたちと同じクラスにいるのはとても役に立ち,さまざまなレベルの子どもたちが参加するグループでは,より豊かなムーブメントの活動経験ができます.

　マリアは22歳で,施設で生活していましたが,それ以前にも病院で多くの年月を過ごしてきました.彼女は人が接近すると乱暴になることもあって孤立しており,1日中,靴ひもをもって遊んでいました.私は先生たちのためのコースで彼女と1時間活動し,思い切って彼女の孤立した状態に介入しなければならないと感じました.

　5人の先生と理学療法学専攻の学生たちのグループがマリアと活動し,観察しました.私たちは彼女の腰に手を回して彼女を揺らすことから始めましたが,彼女は激しい抵抗をみせました.そこで私たちは彼女の手足を4人で持って揺らしてみました.いやいやながらでしたが,彼女はこれを受けいれました.

彼女がされるままになった唯一の活動は，床に沿ってすべらされることで，一歩前進でした．多くの活動が体育館で行われており，そこで彼女は施設のほかの人たちが楽しんでいる様子を見ることができました．マリアは，学生たちを攻撃していましたが，ある理学療法学専攻の学生がマリアに挑み，マリアは結局その学生に揺らされることに応じました．その学生はマリアを揺らし，彼女の腕をやさしくさすりました．学生がそれをやめたとき，マリアは学生の手をとって，続けてほしがっていることを暗に示しました．彼女らは向かいあってアイコンタクトをとり，一緒に活動を楽しみました．マリアは，この学生が彼女をこわがっていないことを知っていたように思えます．活動の最後には，学生とマリアは手をつないで座り，話し，施設に戻るバスを待っていました．これが同じ少女であるとは信じがたい光景でした．

残念なことに，施設のほかのスタッフは，より従順で，乱暴ではない多くの入居者のために，マリアのニーズに注意を払うことができませんでしたが，ムーブメントの活動は引き続き施設のほかの入居者のために実施されました．

成人であっても，子どもであっても，障害のある人は，他者が彼らの反応をこわがるかどうかをすぐに察知し，面白いことや愉快なこと，そして遊びが怒りや激情を発散させることを知っています．障害のある人と活動する人たちの中には，計り知れない才能をもつ人がおり，マリアとの活動は彼女と活動する私たちの資質を最大限に広げることになりました．

ローマの精神神経科で，とても重症の子どもたちと出会いました．1人の少年はまったく孤立しており，彼はお尻を引きずって周囲を這い回り，箱の中にあるものだけに興味を示していました．私は彼のそばの床に側臥位になって彼を見上げました．彼は自分の下方にいる人を見ることに慣れてはいませんでしたが，私をじっと見つめ，私の存在を認めてくれました．言語聴覚士の学生たちが，このとても敏感で，孤立した障害のある子どもたちとパートナーを組みました．2日目に，子どもたちがどのように互いに活動できるかを見せてほしいと私は依頼されました．これは相当に難しい要求でしたが，活動の終わりころには，互いにあまり協力しあえない子どもたちの1人が，ほかの子どもを揺

らすことができ，驚きました．このような障害のある子どもたちが互いにこれほどやさしくなれることを見て，子どもたちを見ていた人たちはとても感動しました．

情緒や行動に問題のある子どもたち

　情緒や行動に障害のある子どもたちは，健常児のための学校に通うことができません．この子どもたちは情緒面でも，身体面でも安心感を経験する必要がありますが，大人たちとでも，子どもたちとでも人間関係を保つことは容易ではありません．

　障害のある子どもたちのために働くことは常に挑戦であり，価値があり，非常に興味深いものです．子どもたちは自分自身を人間関係の中にゆだねることを恐れるため，彼らとの活動は，彼らが信頼できるスタッフとの人間関係がどのようなものであるかにかかってきます．

　子どもたちはみんな遊ぶことが好きです．そのため，おびやかすものではなく，楽しめる方法で活動を提供することが必要です．写真 16, 17, 27 は情緒や行動の障害のある少年たちをハウスペアレント[*3]が撮った写真です．彼女は 6 人くらいの小さなグループの男児たちにパジャマを着せた後，カーペットと簡易いすのあるスペースを使って，就寝前にムーブメント活動を始めました．ハウスペアレントは，ゆっくりと彼女に対する男児たちの信頼をつくりあげ，次に互いに援助しあうさまざまな活動を経験させました．1 人の少年は，ほかの子どもを揺らすことができるようになりました．情緒的な障害のある子どもたちの感情に近づくことは難しく，1 人の少年がほかの子どもにやさしくできたのは素晴らしいことです．少年たちは活動の根底にある理念を理解していませんが，ムーブメントの活動に楽しんで参加しました．

　情緒や行動に障害のある子どもたちは，知的レベルが高いことも多く，あま

[*3] 訳者注：施設などの寮母（介護師）．

り知的レベルが高くない場合でも，彼らは素早く考えを展開させることができます．また，他者を信じることが安全であるとわかると，劇的に成長，発達します．スタッフやパートナーの質は，子どもに明らかな違いを与えます．重症児が，どのパートナーは彼らを援助することができ，尊敬と信頼ができるかを見抜く能力をもっていることに注目すべきです．教育実習生の場合，子どもはしばしば精神的に成熟した学生を選び，重い障害のある子どもほど，パートナーを試すことが多くあります．

情緒や行動の障害のある子どもたちの多くは，空想的な世界へ逃避し，ムーブメントの自然の成り行きで演劇的な遊びに発展させることもあります．重度の学習困難のある子どもたちは，演劇的な遊びに反応して，何人かは豊かな内的空想の中で生活していると考えられます．

情緒や行動の障害のある子どもたちと活動していると，比較的早く発達がみられるのに反して，重度の学習困難のある子どもたちの発達は，多くの場合ゆっくりですが確実であり，よい結果が得られます．

場面緘黙

場面緘黙の子どもたちは，ムーブメントと演劇的な遊びによく反応します．ある後天的障害のグループの少年は，3回目のムーブメントの活動の終わりに，「バイバイ」と言って，彼の先生を喜ばせました．

教える人の質

心理的な障害のある子どもたちと働く先生や介助者には，理想的には以下のような質が求められます．

1. **情緒的安定**
情緒的安定と身体的安定は共に発達し，それらは子どものときに身につけた

り，なんらかのトレーニングによって学習したり，大人になってからの生活経験の結果によるものであったりします．情緒的に成熟している人は，自分がどのような立場にあるか，どのような行動を受け入れることができるか，受け入れることのできない行動にどのように対処すればよいかを知っています．障害のある子どもたちは，大人の限度を試すことがあり，大人は多くの内面的な力をもつことが必要です．

10代の子どもたちの中には，障害のある子どもたちに大人以上に安心感を与えることができる子もいます．

2．障害のある子どもと人間関係をたもつための才能

大人は聡明な観察や経験に基づく直感的判断によって，それぞれの子どもについて，その知力，成長点を見いださなければなりません．大人は子どもに，その子どもの価値を伝え，子どもを尊重し，子どもが生み出すものの上に積みあげていかなければなりません．励まし，評価，適応性の限界に対する確認，そして有効性の持続は治療の一部に含まれます．

大人は片足を子どもの世界に，もう一方の足を大人の世界に置いています．これを切り離して考えられる人は人間関係をつくることができ，また共鳴と理解のある大人には，子どもを客観的に観察することが要求されます．多くの場合，大人は情緒的障害のある子どもと人間関係を保つことを学び，子どもは大人を信頼することを学ぶという対等の関係になります．

3．ユーモアのセンスと遊ぶ能力

活動が楽しい遊びとして提供されれば，障害のある子どもは活動への恐れが少なくなります．障害のある子どもたちは他者との人間関係に自分自身をゆだねることや，他者の接近を受け入れることさえも難しいものです．障害のある子どもたちの中には，遊ぶことは難しいけれど，遊びに引きつけられており，

大人を信頼できれば進歩する子どもたちもいます．

4．率直さと誠実さ

　障害のある子どもたちの多くは，他者に対する洞察力と直感力をもっているため，大人のどのような虚偽にも気づきます．子どもたちは，ふりをしませんので，大人のあざむきを警戒して，大人との接触を受けいれないでしょう．

5．快活さと活力

　障害のある子どもたちと活動することは，能力を要求され，情緒的にも身体的にも疲れるものです．先生と介助者は疲れきってしまわないように，バッテリーを充電する方法を見つけることが必要です．同じ価値観でチームのメンバーとして活動することは，お互いに援助しあうことになります．

第 5 部 | 発達のためのムーブメント：
まとめ

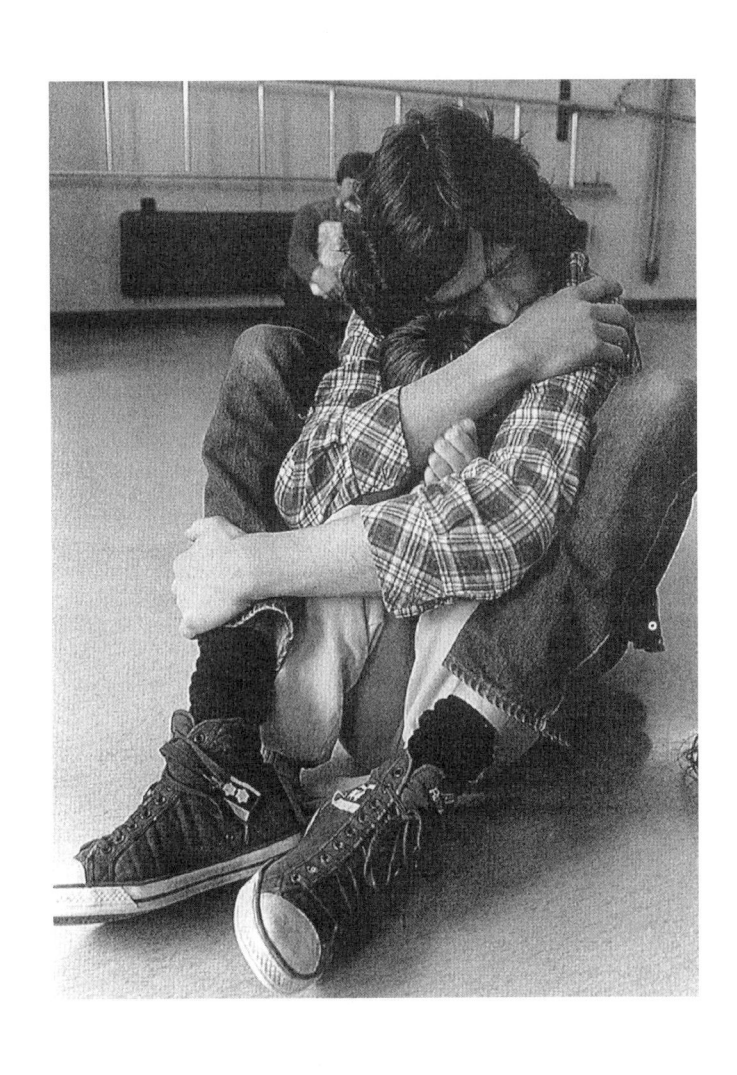

発達のためのムーブメント：まとめ

　教える人や介助者はそれぞれ独自の方法で，この本で説明した要素を利用して子どもたちに教えながら，自分自身のバリエーションとアイデアを獲得していくとよいでしょう．

　ムーブメントの活動は，ほかの多くの身体的活動の準備状態をつくるものです．遊具を使った活動，水泳，野外活動，あらゆる種類のスポーツ，さまざまなタイプのダンス，そして演劇の準備としてのムーブメントの活動などを含む豊富で幅広いプログラムは子どもたちの役に立ちます．子どもたちが身体統御を獲得し，他者と適応し，人間関係を学習することで，これらの活動に，より自信をもって取り組めます．発達のためのムーブメントは，子どもたちがする他の活動の基礎を準備するものです．

　ここに説明したムーブメントの活動経験は，さまざまな方法でそれぞれが成功し，褒められ，励まされて，より一層努力しようとするするものであり，そこに競争の要素はありません．

　また，発達のためのムーブメントは，視覚障害や肢体不自由の子どもたちにも活用できます．身体認識の発達や他者との人間関係は，これらの子どもたちにとって大切であり，また，聴覚障害の子どもたちにも適用でき，彼らは敏感に反応して，すぐに身につけられます．

　発達のためのムーブメントは，次の２つの主要な分野で子どもたちを援助します．

1．身体的発達

- 子どもたちは，子どもたち自身の身体に心地よさを感じる活動経験をします．
- 子どもたちは，子どもたちの身体をさまざまな方法で活用し，コントロールすることを学び，バランスのとれたムーブメントの活動を身につけます．
- 大切なのは，スポーツやある活動などの特定のスキルを身につけることではなく，子どもたちが出会うさまざまな身体活動に応用できるムーブメントのさまざまな側面の全般的なスキルを獲得させることにあります．

2．個性の発達

- 発達のためのムーブメントをとおして，子どもたち自身の鋭敏な感覚と自己の存在を身につけるようになります．
- 子どもたちが自分自身の能力に自信がもてるようになります．
- 子どもたちが自分自身の主導性と創造性を活用することを学びます．
- 子どもたちは他者のニーズと感情に繊細になり，他者とのコミュニケーションや分担する人間関係が上手になることを学びます．
- 子どもたちは，自分のしていることに集中でき，ムーブメントの活動経験から学ぶことができるようになります．
- 子どもたちは発達のためのムーブメントを適切に教えられることで，達成感や成就感を経験します．

付記 1

1章と2章の活動のまとめ

活　　動	ページ	子どもの発達
1. 人間関係の発達		
介助しあう人間関係		
<包みこむ>		
1. ゆりかご	6	安心感・リラックス・信頼
2. 支えて包みこむ―揺れ木馬	8	体重をゆだねる・遊びの感覚
3. 倒れて包みこむ	10	安心感・遊びの感覚
<介助する，体重をゆだねる>		
4. 介助者の腹部にまたがる	12	信頼・アイコンタクト
5. 腹臥位になった介助者の背中にまたがる	12	信頼・脚でしがみつく
6. 座位になった介助者が，子どもを弾ませたり，背中を軽くたたく	14	腹部と背中の認識・心地よさ・リズミカルなムーブメント
7. 丸くなった介助者の身体をすべる	22	介助者にもたれて身体を経験する
8. 座位になっている介助者の大腿部に子どもが立つ	22	バランス・自信・集中
9. 四つ這いになった介助者の背中に子どもは臥位になる	22	信頼・リラックス
10. 四つ這いになった介助者の背中に子どもはまたがる	22	腕と脚でしがみつく・人間関係にゆだねる

活　　動	ページ	子どもの発達
11. 介助者は膝を曲げた座位になり，子どもは膝の上に立つ	22	バランス・自信・集中
12. 四つ這いになった介助者の背中の上で，子どもは四つ這いになる	24	バランス・自信・集中
13. 四つ這いになった介助者の背中の上で，子どもは立つ	24	バランス・自信・集中
14. 3〜5人が四つ這いになり，子どもはその上に臥位になる	24	信頼・リラックス
15. 飛行機	26	信頼・自信・アイコンタクト
16. 前方回転	26	信頼・身体の中心部の認識・体重移動・介助者にもたれて身体を認識する
＜転がる＞		
17. 介助者は座位で子どもの身体を上や下に転がらせる	13	介助者にもたれて身体を認識する・体幹の柔軟性
18. 二重回転	14	包みこみ，やさしく押しつぶす・介助者にもたれて身体を認識する
19. 子どもが介助者を転がす	14	主導性・パートナーへの気遣い・責任
20. 水平の揺れ	16	リラックス・マットや床にもたれて身体を認識する
＜すべる＞		
21. すべる	16	リラックス・脊柱の柔軟性・アイコンタクト
＜トンネル＞		
22. 介助者は四つ這いになる	18	主導性・探索
23. 数人の介助者がトンネルをつくる	18	主導性・探索
24. 四つ這いの長いトンネル　●子どもは下を這う　●子どもは上を這う	18	自信・探索・背中にもたれての身体認識・「下」や「〜をとおって」，「〜を越えて」，「〜の上を」の概念

活　　動	ページ	子どもの発達
<つかむこと>		
25. 腹臥位になった介助者の背中にまたがる	22	脚でつかむ・体重をゆだねる
26. 介助者は四つ這いになる	22	両腕と両脚でつかむ・人間関係にゆだねる
27. ベビー・モンキー	22	力・人間関係にゆだねる
28. 介助者は立位で，抱きあう	28	自信・ゆだねることを分担する・力
<ジャンプ>		
29. 両足で	28	自信・体重のコントロール・高さ
30. 3人で	29	自信・体重のコントロールと力・高さ
31. パートナーの身体を越える	29	パートナーの身体への適応・高さ
32. パートナーは四つ這いになる　足から手への体重の移動	29	体重のコントロール・高さ
<スイング>		
33. スイング	31	支持してくれる人に体重をゆだねる自由な流れ・リラックス
分担する人間関係		
1. ボートこぎ	33	頭部のリラックス・引く力
2. パートナーと立位でバランスをとる（シーソー）	36	パートナーに対する繊細さ・体重の操作・力
3. 背中合わせでバランスをとる	36	脚の力・パートナーへの依存
4. 逆立ちでバランスをとる	36	敏捷さ・身体認識・力・相互依存
対抗する人間関係		
1. 子どもの上に臥位になり，押しつぶす「岩」を試みる	39	力・決断
2. 子どもは膝を曲げて座る	39	力・安定性・決断・注意の集中
3. 子どもは腹臥位になる	42	安定性・力のコントロール・集中

活　　動	ページ	子どもの発達
4. 子どもは四つ這いになる（テント）	42	安定性・力・注意の集中
5. 子どもたちが背中合わせになる	41	力・集中
6. 背中合わせに乗る	42	力・協調性・集中
7. 監房	44	力・決断

2. 身体認識の発達
全　身

1. 転がる，すべる，跳ねる，揺れる	53	調和のとれた身体のつながりの経験・体重と自由な流れの経験

身体の部分
＜膝の認識＞

2. 体重をかけない	54	膝への感覚の入力・創造性
3. 体重をかけて，膝立ち	55	膝への感覚の入力・創造性
4. 「開く/閉じる動物」	55	中心・肘・膝の認識
5. 「小さな脚」	56	さまざまな移動の形と空間の方向性の発見
6. 膝を曲げた立位	56	移動・空間の方向性・創造性・股関節の運動性
7. 「高く上げた膝」	56	跳ぶ高さと自由な流れ・股関節の運動性
8. スキップ，ギャロップ	57	膝のコントロール・高さ
9. 「おもしろい歩き方」	59	創造性・ユーモア

＜お尻の認識＞

10. 軸性回転	59	床でお尻を感じる・自由な流れ
11. 前方回転	60	高く上げたお尻と床でのお尻の経験
12. 2人でバランスをとる	60	身体下部から足にかけてのお尻のコントロール

活　　動	ページ	子どもの発達
<体幹と中心の認識>		
13. 転がる	61	床で体幹を感じる・自由な流れ・脊柱の柔軟性
14. すべる	61	床で背中を感じる・脊柱の柔軟性・自由な流れ・リラックス
15. 這う	61	床で身体の前面を感じる・脊柱の柔軟性・四肢の協調性
16. 「小包み」	62	「家」の経験・身体が中心に近づく・力
17. 前方回転	26, 63	中心を維持する・体重の移動
18. 回旋	65	体幹の柔軟性・自由な流れ
19. ボールになって転がる	63	体重の移動・自由な流れ
20. 倒れる		
●臥位から	12, 67	リラックス・自由な流れ
●四つ這いから	67	体重の移動・自由な流れ
●立位から	68	体重の操作・自由な流れ
●ジャンプから	68	体重の移動

付記2

子どもたちの感想

　中学校の12歳の生徒たちが，重度の学習困難のある幼い子どもたちと行ったムーブメントのクラスの感想の抜粋です．

　私は，Helenという女の子と一緒に活動しました．その子は歩いたり，座ったり，ただじっと立っているというような，私たちには当たり前にできることができませんでした．障害のある子どもたちと一緒に活動するのはとても素晴らしいことです．どうしてかというと，子どもたちが楽しんでいるのを見ると，自分があの子たちを助けてあげたという気持ちになれると思うからです．

Clore

　私は，障害のある子どもたちも，ほかの子どもたちと一緒に活動して，動くことを好きになってほしいと思います．障害のある子どもたちは，いつもはしないようなことをして，いろんなことを学びます．私は障害のある子どもたちと一緒に活動するのが好きです．どうしてかというと，一緒におしゃべりするのも面白いし，子どもたちが楽しんでいるのを見るのも楽しいからです．特別支援学校の子どもたちが難しいと思うことはたくさんあったと思うけれど，みんな障害があっても一生懸命がんばっていました．

Joanne

付記2　子どもたちの感想　　151

　特別支援学校の子どもたちと一緒にした体育の授業は，いつもの体育とはぜんぜん違いました．いつもの体育の授業は，先生に教えてもらうのでそんなに大変じゃないけれど，子どもたちと一緒に活動するときは，僕たちが教えてあげないといけないからです．僕たちは，背中に乗せて揺らしたり，橋をつくったり，しっかりした姿勢になって押しあったり，いろいろなことをしました．僕はこのシェルボーンの体育は，子どもたちにとって，とてもよいと思います．特別支援学校の子どもだけじゃなくて，僕たちにとってもいいと思います．

David

　私たちは，ほかの子どもを背中に乗せて揺らしてあげたり，トンネルをつくったり，ほかの子の身体を床にくっつけて，その子の身体を押して，ひっくり返そうとしたり，いろいろなことをしました．私と私のパートナーが一緒に活動した小さな女の子はAndreaで，とても元気な子でした．彼女が楽しんでいるのを見るのはよかったけれど，心の中では，彼女は傷ついているのかもしれません．だから私は私たち自身が楽しんで，彼女と一緒に活動することで，彼女の心の痛みをやわらげてあげようと思いました．そして，それはとてもうまくいきました．みんなは，彼女たちのことをからっぽだと思っているけれど，彼女たちだって感じるし，見ているし，匂いもかぐし，触るし，愛するし，嫌うし，傷つくし，それに楽しい気持ちにもなります．だから彼女たちは私たちと同じで，でも私たちのように上手に自分の身体を使うことができません．彼女たちはとても力が強くてたいへんでした．彼女たちがほかの人たちと仲よくするのは難しいと思うのは，みんなが彼女たちのことをわかってあげないからだと思います．私はそれは絶対にいけないことだと思っています．

Rebecca

　障害のある子どもたちと初めて一緒に体育をしたとき，僕はすぐに友だちになれてびっくりしました．介助してくれる人たちが，障害のある子どもたちと，まるでどこも悪くないみたいにかかわるのにもびっくりしました．介助の人の一人が僕に「この子は，今日はとてもわんぱくみたいだけど，がんばってね」と声をかけてくれたけれ

ど，僕にはとてもお行儀よくしているように見えました．時間は短かったけれど，すごく楽しかったです．

Paul

　特別支援学校の子どもたちと一緒にする体育が，いつもの体育と違うところは，特別支援学校の子どもたちに対して，我慢づよくないといけないということです．どうしてかというと，子どもたちは，私たちと同じようにいろいろなことを理解できないからです．私たちは，小さな子どもたちと一緒にたくさんの活動をしました．それは，私たちにも，その子どもたちにも楽しかったです．子どもたちは，いろいろなことをする力が違うのと，ちょっと違うように生まれただけで，あとは私たちと同じです．それもあの子たちのせいではなくて，たまたまそうなっただけです．いちばん楽しかったのは，「背中合わせ」の活動でした．

Viren

　障害のある子どもたちといっしょに体育をするときの内容は，いつもの体育の授業とは大きく違いますが，僕は障害のある子どもたちとの体育のほうがずっと簡単だと思いました．僕は，体育はあまり得意ではないけれど，先生たちがこの授業は障害のある子どもたち，特にその子どもたちの腹筋にとてもよいということを説明してくれました．障害のある子どもたちは，ときどき理解するのが少し難しいと思うことがあるかもしれないので，「立つ」「座る」「寝転がる」などの簡単な身振りをいくつか覚えなければなりません．また寝転がってリラックスさせようとして，その子どもたちの身体を伸ばそうとすると，彼らの身体がどれほど緊張しているかがわかります．それは，彼らがそれぞれの場所に筋肉があるということに気づいていないからです．

Daniel

　Hillingdon Manor and Mankkaa 学校の子どもたちからの感想を付け加えます．

シェルボーン・ムーブメントは面白くて役に立ちます．自閉的傾向の子どもたちにはよいと言えます．私は，ある意味で不器用です．ムーブメントの活動をすると，私の身体のことがよくわかるので，自分の身体をどうしたらコントロールできるのかが私にはわかりやすくなりました．

Henna　15歳

　シェルボーンで一番好きなのは，ムーブメントをしながら「ダック・ダック・グース」をして遊ぶことです．

Jermaine　13歳

　シェルボーン・ムーブメントで好きなことは，ホールの端から端まで転がっていくことです．友だちが私を転がしていってくれます．素晴らしいと思うことは，みんながムーブメントをよく知っていて，自分のパートナーを信頼できるようになることです．

Jameson　11歳

　シェルボーン・ムーブメントで私が好きなのは，歩かないで部屋の端から端へ，自分たちでそれぞれ考えた方法で移動することです．私は，シェルボーンから自分のパートナーを信頼することなど，いろいろなことを学びました．初めてシェルボーン・ムーブメントを経験したときは疑い深く考えていましたが，今はほんとうにムーブメントが楽しみです．

Iris　13歳

　私は「卵」や「小包み」のようになるのが好きです．弾むことも好きで，私は笑って楽しくなります．

Kisk

付記3

実践家たちの感想

　ベロニカ・シェルボーンの仕事は不滅であり，個人と他者，そして周囲の環境とのかかわりの中で，それぞれのもっている固有の価値と潜在的な可能性を伸ばすという発達のためのムーブメントの焦点から外れることなく，さまざまな専門分野に携わる人たちの世界に浸透し続けています．ムーブメントの活動を経験する人たちは，受け身の無関心な世界から，自分の価値と自尊心という豊かな喜びを実感するように導かれます．

　　　　　　　　　　私は私！かけがえのない貴重な価値のある人間です！

　　　　　　　　　　　　　　Flo Longhorn，特別教育コンサルタント，ルクセンブルグ

　ダンス，ムーブメント，体育の教師としての私にとって，発達のためのムーブメントは，30年間の教師生活の中で，何度となく基本に立ち返るための「核心」になっています．幼稚園児や特別支援教育のニーズのある生徒たちにも大きな成果をあげています．発達のためのムーブメントはイギリスのさまざまな分野のカリキュラムにも役立っていますし，Q. C. A.[*1]のカリキュラム指導にも位置づけられています．

　　　　　　Alleyen Gainham, Dip L. C. D. D., F. I. S. T. D., Adv. Dip. Sp. Ed，英国

[*1] 訳者注：Q. C. A.（Qualification and Curriculum Authority）資格カリキュラム機構と称する英国の教育評価機関．

付記3　実践家たちの感想

　1984年から，私はKatrinahofにある軽度と重度の知的障害のある子どもたちの小学校で働いています．1990年に学校の同僚をとおしてベロニカ・シェルボーンの発達のためのムーブメント（DMVS）を知りました．3歳から13歳までの子どもたちが通っているため，8年間くらいはその子どもたちの多くを指導することになります．文字どおり，子どもたちが基礎からしっかり発達しているのがわかります．最も大切なのは，子どもたちがムーブメントの授業を楽しんでしていることです．10年目のいまもムーブメントに熱中して取りくんでおり，プログラムに参加する子どもたちの発達の様子を驚きとともに見守っています．

Bart Jamine，ベルギー

　最初にベロニカ・シェルボーンの仕事に接したとき，私はその相互作用の思いやりのある方法に最も惹かれました．ブリュッセルの普通学級と特別支援学級で発達のためのムーブメントを試みて，私は子どもたちがセッションを楽しみ，それをとおして発達していくのを感じることができました．障害のある子どもたちも，そうでない子どもたちも一緒にグループを組んでいます．聴覚障害のある子どもたちにとって，コミュニケーションをとり，主導性をもつことは容易ではありません．ムーブメントは私たちと子どもたちに同等のパートナーとして関わることを教えてくれます．数年経ちましたが，仕事に対する意欲もあり，これからも続けていくことを心しています．

Erika Malschaert，ベルギー

資 料

書 籍

Bettelheim, B.	*Good Enough Parent* Chapter 13（Thames and Hudson, 1995）
Caldwell, P.	*Getting in Touch : Ways of Working with Severe Learning Disabilities and Extensive Support Needs*（Pavilion, 1996）
Chesner, A.	*Dramatherapy for People with Learning Disabilities : A World of Difference*（Jessica Kingsley, 1994）
Chesner, A.	*Groupwork with Learning Disabilities : Creative Drama*（Winslow Press, 1998）
Dibbo, J. & Gerry, S.	*Caring And Sharing*（Library and Media Services, University of Plymouth Pubs, 1995）
Douglas, M.	*Primary Dance*（Hodder & Stoughton, 1999）
Finnie, N.	*Handling the Young Cerebral Palsied Child at Home* 2nd edn（Butterworth Heinemann, 1991）
Haywood, K.	*Life Span Motor Development*（Human Kinetics, 1996）
Laban, R.	*Modern Educational Dance* 3rd edn（Northcote House, 1988）
Laban, R.	*Mastery of Movement* 5th edn（Northcote House, 1998）
Liedloff, J.	*The Continuum Concept* Chapter 3 'The beginning of life'（Penguin, 1986）
Lindkvist, M.	*Movement and Drama with Autistic Children*（Sesame Institute leaflet）
McCurrach, I. & Darnley, B.	*Special Talents, Special Needs : Drama for People with Learning Disabilities*（Jessica Kingsley, 1999）
Payne, H.（ed）	*Dance Movement Therapy : Theory and Practice*（Routledge 1992）
Pearson, J.（ed）	*Discovering the Self through Drama and Movement—the Sesame Method*（Jessica Kingsley, 1996）
Piotrowski, J.	*Expressive Arts in the Primary School*（Cassell, 1996）
Upton, B.	*Special Educational Needs*（Routledge, 1992）
Wright, H. & Sugden, D.	*Physical Education for All : Developing Physical Education in the Curriculum for Pupils with Special Educational Needs*（D. Fulton, 1999）

フィルムとビデオ

*In Touch	Movement for mentally handicapped children	1965
Explorations	Movement for drama	1971
*A Sense of Movement	Movement for mentally handicapped children	1976
*A Matter of Confidence	Movement for children and parents in a socially deprived area	1980
Building Bridges	Movement for mentally handicapped adults	1982
Good Companions	Movement for normal and handicapped children (video)	1986

*Selected for preservation by the National Film Arhive

Distributed by Concorde Video and Film Council Ltd, Rosehill Centre, 22 Hines Road, Ipswich, Suffolk, IP3 9BG UK　Tel：0044(0)1473 7260112

Material relating to Veronica Sherborne and Sherborne Developmental Movement is kept in the Archive Section in the University of Birmingham Library, Birmingham, UK. It includes videos, slides & photographs of SDM sessions, papers and articles by and about Veronica Sherborne and SDM. Details of access to the Archive Section can be obtained from the Chief Archivist（Tel：0044(0)121 414 5838）or from the Sherborne Association（Tel：0044(0)23 92 711632）

A complete list of materials is available on the Sherborne Association website
　www.sherborne-association.org.uk

■訳者略歴

関口 美佐子（せきぐち みさこ）
　明治学院大学社会福祉学科卒業．大阪教育大学特別専攻科，国立身体障害者リハビリテーションセンター聴能言語専門職員養成所，修了．
　現在，財団法人ひょうご子どもと家庭福祉財団・子ども発達支援センター長．

平井 真由美（ひらい まゆみ）
　神戸女学院大学児童学科卒業．
　現在，社会福祉法人ひょうご障害福祉事業協会「かるがも園」施設長．

衣本 真理子（きぬもと まりこ）
　関西学院大学社会学部卒業．
　現在，財団法人ひょうご子どもと家庭福祉財団・子ども発達支援センター課長．

シェルボーンのムーブメント入門【第2版】
発達のための新しい療育指導法

発　行	1993年5月15日　第1版第1刷
	1998年11月10日　第1版第3刷
	2010年6月15日　第2版第1刷 Ⓒ
著　者	ベロニカ・シェルボーン
訳　者	関口美佐子・平井真由美・衣本真理子
発行者	青山　智
発行所	株式会社 三輪書店
	〒113-0033 東京都文京区本郷6-17-9
	☎ 03-3816-7796　FAX 03-3816-7756
	http://www.miwapubl.com
装　丁	臼井デザイン事務所
印刷所	三報社印刷株式会社

本書の内容の無断複写・複製・転載は，著作権・出版権の侵害となることがありますのでご注意ください．

ISBN 978-4-89590-363-9　C 3047

JCOPY ＜(社)出版者著作権管理機構 委託出版物＞
本書の無断複写は著作権法上での例外を除き禁じられています．複写される場合は，そのつど事前に，(社)出版者著作権管理機構（電話 03-3513-6969，FAX 03-3513-6979，e-mail：info@jcopy.or.jp）の許諾を得てください．